Mieten oder kaufen?

K

L/M

N/O/P

R/S

T

U/V

W/Z

Die Stiftung Warentest wurde 1964 auf Beschluss des Deutschen Bundestages gegründet, um dem Verbraucher durch vergleichende Tests von Waren und Dienstleistungen eine unabhängige und objektive Unterstützung zu bieten.

Wir kaufen – anonym im Handel, nehmen Dienstleistungen verdeckt in Anspruch.

Wir testen – mit wissenschaftlichen Methoden in unabhängigen Instituten nach unseren Vorgaben.

Wir bewerten – von sehr gut bis mangelhaft, ausschließlich auf Basis der objektivierten Untersuchungsergebnisse.

Wir veröffentlichen – anzeigenfrei in unseren Büchern, den Zeitschriften test und Finanztest und im Internet unter www.test.de.

Stiftung Warentest
Lützowplatz 11–13
10785 Berlin
Telefon 030/26 31–0
Fax 030/26 31–25 25
www.test.de
email@stiftung-warentest.de

USt-IdNr.: DE136725570

Vorständin: Julia Bönisch
Weitere Mitglieder der Geschäftsleitung: Dr. Holger Brackemann, Daniel Gläser und Dr. Birger Venn-Hein

Programmleitung: Niclas Dewitz

Projektleitung: Ursula Rieth
Redaktion: Uwe Meilahn
Lektorat: Heike Plank
Korrektorat: Christoph Nettersheim

Fachliche Unterstützung: Karin Baur, Max Schmutzer (Finanztest), Alexander Bredereck, Fachanwalt für Miet- und Wohneigentumsrecht
Titelentwurf: Daniela Greven
Layout: Büro Brendel, Berlin
Grafik, Satz, Bildredaktion: Annett Hansen, Berlin
Bildnachweis: Adobe Stock, Ink Drop (Titel); Gettyimages (Innenteil)
Infografiken/Diagramme: René Reichelt (S. 29, 52, 84/85), Annett Hansen (S. 50, 91, 92, 93, 147), Mario Mensch (S. 144/145)

Produktion: Christian Königsmann
Verlagsherstellung: Rita Brosius (Ltg.), Romy Alig, Susanne Beeh
Litho: tiff.any, Berlin
Druck: Fromm + Rasch GmbH & Co. KG, Osnabrück

ISBN: 978–3–7471–0717–1

Wir haben für dieses Buch 100% Recyclingpapier und mineralölfreie Druckfarben verwendet. Stiftung Warentest druckt ausschließlich in Deutschland, weil hier hohe Umweltstandards gelten und kurze Transportwege für geringe CO_2-Emissionen sorgen. Auch die Weiterverarbeitung erfolgt ausschließlich in Deutschland.

Mieten oder kaufen?

Stiftung Warentest

Inhaltsverzeichnis

27 Preise und Kreditzinsen sinken leicht. Es bleibt aber teuer. Worauf es ankommt, damit sich ein Kauf für Sie lohnt.

97

Neben Geld spielt auch die eigene Lebensart eine Rolle: Mieten oder Kaufen – beides hat Vor- und Nachteile.

127

Schritt für Schritt und gut kalkuliert gelangt man zu Wunschkredit und Fördermitteln.

Was wollen Sie wissen?

Immobilienpreise sinken, Baukredite werden etwas billiger. Da wäre doch „etwas Eigenes" toll. Viele sind verunsichert und denken: „Schaffe ich das finanziell? Was tun?" In diesem Buch erfahren Sie, ob Sie das stemmen könnten und worauf es ankommt, damit sich der Kauf lohnt. Und Sie entdecken, ob Sie ein Miet- oder Eigenheim-Typ sind.

Lohnt sich wieder „Eigenheim statt Miete"?

Diese Frage lässt sich leider nicht pauschal mit einem klaren Ja oder Nein beantworten. Hohe Neubaupreise, deutlich gestiegene Kreditzinsen, starke Inflation und eine unklare gesetzliche Situation beim Bauen führen zu allgemeiner Verunsicherung. Aus rein finanzieller Perspektive sind die Zeiten schwierig, weil sich die Rahmenbedingungen im Immobilienmarkt gerade sehr rasch ändern. Andererseits steigen auch die Mieten in begehrten Lagen stark an, da ist man im Eigenheim doch besser geschützt?

Wir zeigen in „Lohnt sich ein Immobilienkauf?" ab Seite 27, worauf es ankommt, damit Käufer finanziell besser dastehen als Mieter. Mit einem Rechner können Sie verschiedene Szenarien durchspielen. Es geht aber nicht immer nur ums Geld. Die Entscheidung hängt auch von der Lebensphase, der beruflichen Situation und anderen Rahmenbedingungen ab (siehe Seite 97). Sie sollen so bewusst und kompetent entscheiden können, ob für Sie die selbst genutzte Immobilie die bessere Wahl ist.

Ist Eigenkapital die größte Hürde für Immobilienkäufer?

Je jünger man ist, desto weniger Eigenkapital konnte man bisher im Leben ansparen, wie auch unsere Beispiele in „Unterschiedliche Ausgangssituationen" ab Seite 49 zeigen. Unsere Empfehlungen gehen dahin, dass man mindestens 10, besser jedoch 20 Prozent des Kaufpreises sowie die Kaufnebenkosten, als Eigenkapital mitbringen sollte. Das klingt erst einmal abschreckend, wir zeigen aber in „Kauf: Eigenkapital ist Trumpf" ab Seite 75, was für die Banken alles zum Eigenkapital zählt und welche Möglichkeiten Sie haben, zusätzliche finanzielle Mittel einzusetzen, an die Sie im ersten Moment vielleicht noch gar nicht gedacht haben. Das geht von den anrechenbaren Eigenleistungen beim Neubau bis zu verschiedenen Modellen der „Elternförderung".

Worauf ist bei der Kreditaufnahme zu achten?

Kreditsumme, Beleihungswert, Nominal- und Effektivzinsen, Annuitätendarlehen, Tilgungshöhe, Zinsbindungsdauer: Damit muss man sich schon beschäftigen. Wie Sie berechnen, welche Kreditrate Sie dauerhaft monatlich tragen können, und wie Sie damit einen soliden Finanzierungsplan erstellen, erfahren Sie in „Wie teuer darf mein Haus, meine Wohnung werden?" ab Seite 80.

Wichtig ist, dass Sie die Grenzzinssätze kennen (siehe Seite 77), die bewirken, dass bei Überschreiten bestimmter Kreditsummen der Zinssatz und damit die laufenden Kosten für die Rückzahlung des Kredits sprunghaft steigen.

Unsere Mietwohnung wird zu eng. Sollen wir jetzt bauen oder kaufen, statt neu zu mieten?

Wenn die Sprösslinge größer werden, brauchen sie mehr Raum. Ist das der richtige Zeitpunkt, um rauszuziehen aus der Stadt ins Haus mit Garten?
Mit so einer Lebensumstellung wird nicht jeder auf Dauer glücklich. Eingewöhnung in ein neues Umfeld, längere Wege zum Einkaufen und zu Kulturveranstaltungen, Kosten für einen Zweitwagen, Konflikte ums Geld bei einer Trennung: Auf die Vor- und Nachteile des Kaufens gehen wir ab Seite 113 ausführlich ein. Vielleicht ist ja auch die große Eigentumswohnung die bessere Alternative (siehe „Haus oder Wohnung: Welcher Typ sind Sie?" ab Seite 62).

Ich bin 28 und will in der Zukunft mal bauen. Was tun? Wie fange ich an?

Mit Ende 20 kann oder will man sich meist noch nicht auf einen Ort fürs restliche Leben festlegen. Wenn Sie im jungen Alter aber schon wissen, dass Sie einmal eine Immobilie kaufen wollen, geht es vor allem darum, konsequent Eigenkapital anzusparen. Dafür empfehlen wir sichere Anlagen wie Tages- und Festgeld oder einen Bausparvertrag (siehe Seite 55). Wie das funktioniert, zeigen wir exemplarisch in „Fahrplan fürs Bausparen" auf den Seiten 144/145.

Eine andere Option ist, zunächst in eine kleine Wohnung zu investieren, deren Monatsraten man sich bereits leisten kann. Ändern sich später die Lebenspläne, können Sie diese Wohnung vermieten oder auch verkaufen.
Diese Mieteinnahmen oder der Verkaufserlös helfen Ihnen dann in der Zukunft deutlich, wenn Sie eine große Familienwohnung oder sogar ein Einfamilienhaus mit Garten kaufen oder bauen wollen.

Wir sind schon 50. Lohnt sich da überhaupt noch was Eigenes?

Ein schuldenfreies Eigenheim kann ein wichtiger Baustein bei der Altersvorsorge sein. Mit 50 Jahren sind die Kinder oft aus dem Haus. Das ist ein guter Zeitpunkt, um sein Wohnumfeld neu zu organisieren (siehe Seite 47 und 60). Und in diesem Alter haben die meisten Menschen finanzielle Ersparnisse gebildet, verfügen also über ein stattliches Eigenkapital, was eine Voraussetzung für eine günstige Finanzierung eines Immobilienkredits ist. Sie können dies jederzeit mit unserem Finanzierungsrechner durchspielen („Wie teuer darf mein Haus, meine Wohnung werden" ab Seite 80).

Ob Sie mit „50 plus" ein Haus mit Garten oder eine komfortable und barrierefreie Wohnung bevorzugen, finden Sie im Kapitel „Haus oder Wohnung: Welcher Typ sind Sie?" ab Seite 62 heraus.

Altersvorsorge: Wie spare ich dafür als Mieterin oder Mieter?

Sie überlegen, doch zur Miete wohnen zu bleiben, etwa weil Sie Flexibilität schätzen und nicht Ihre gesamten Ersparnisse in einer Immobilie binden wollen? Dann müssen Sie anders finanziell vorsorgen, damit Sie später im Ruhestand gut über die Runden kommen.

Gute Renditechancen bieten ETF-Fondssparpläne. Damit diese Aktienanlagen nicht zu riskant sind, haben wir eine bequeme Strategie entwickelt, das „Pantoffel-Portfolio" (siehe Seite 86). Keine Sorge, das ist nicht kompliziert.

Mit Beginn der Rente kann man dann langfristig Monat für Monat einen schönen finanziellen Zuschuss aufs Konto beziehen. Wir nennen das Konzept einfach „Pantoffel-Rente" (siehe Seite 87).

Der Traum vom Eigenheim

Ein Haus im Grünen oder eine bequeme Eigentumswohnung kaufen – viele Menschen hegen diesen Wunsch. Doch lässt er sich in Zeiten wie diesen klug umsetzen? Dieses Kapitel verschafft einen ersten allgemeinen Überblick.

Sie träumen von den eigenen vier Wänden. Sie überlegen: Ist ein eigenes Haus, eine eigene Wohnung wirklich eine gute und vernünftige Idee? Lässt sich dieser Traum tatsächlich verwirklichen? Es kursieren in den Medien doch des Öfteren Schlagzeilen wie: „Immobilien immer teurer!", „Zinsen für Baufinanzierungen explodieren!", „Materialkosten für Baustoffe unerschwinglich!" Und: „Bauwirtschaft mit akutem Facharbeitermangel!"

Lohnt es sich also, darüber ganz ernsthaft nachzudenken, oder sollte man das Projekt lieber begraben und besser einfach weiter in der Mietwohnung bleiben?

Aber: Bezahlt man damit nicht dem Vermieter die Wohnung oder das Häuschen, ohne dass man langfristig selbst davon einen Vorteil hat?

Selten war die Entscheidung aus rein ökonomischer Perspektive schwieriger als heute, weil sich die Rahmenbedingungen im Immobilienmarkt derzeit sehr rasch ändern. Der schnelle Anstieg der Zinsen für Immobilienkredite, die Verteuerung und Knappheit von Baumaterialien, Handwerkermangel, Bauträgerpleiten, das neue Gebäudeenergiegesetz sowie kurzfristige Änderungen bei den staatlichen Förderungen für energetisches Bauen verunsichern viele Menschen hierzulande.

Und wer eine gebrauchte Immobilie, sprich: eine Bestandsimmobilie kauft, weil die günstiger zu bekommen und im Grunde schon bezugsfertig ist, fragt sich: Was könnte mir aus Klimaschutzgründen in den nächsten Jahren an gesetzlichen Anforderungen und Renovierungspflichten bevorstehen?

Antworten auf die wichtigsten Fragen finden

Der Kauf eines Hauses oder einer Wohnung ist in guten wie in schlechten wirtschaftspolitischen Zeiten immer ein weitreichender Entschluss – und der will sorgfältig überlegt sein. Eigenheim ja oder nein? Dieses Buch hilft Ihnen bei dieser Entscheidung. Wir

- zeigen die verschiedenen Vor- und Nachteile des Immobilienkaufs.
- nehmen allgemein verbreitete Mythen unter die Lupe.
- räumen falsche Vorstellungen aus dem Weg.
- veranschaulichen anhand von typischen Beispielen, ob und unter welchen Bedingungen die selbst genutzte Immobilie die bessere Wahl ist.

Deutschland – ein Mieterland

Starten wir mit den allgemeinen Rahmenbedingungen und ein paar interessanten Zahlen: Über die Hälfte der Menschen hierzulande wohnt zur Miete. Warum ist das so?

Zu einem großen Teil liegt das sicher an der jüngeren Geschichte. Ein grausamer Diktator löste, gestützt von seinen Gefolgsleuten, gezielt den Zweiten Weltkrieg aus. So wurden im NS-Deutschland nicht nur Biografien, sondern auch viele Städte und damit jede Menge private Immobilien zerstört. Die Wirtschaft stand nach dem Krieg nahezu still, finanzielle Reserven oder gut bezahlte Berufe hatten nur wenige.

Die junge Bundesrepublik hatte es nach 1949 als vordringliche Aufgabe angesehen, der Bevölkerung schnell viel preisgünstigen Wohnraum zur Verfügung zu stellen, in der Regel in Form von Mietwohnungen.

Da die Mieten günstig waren, blieben die Menschen dort möglichst lange wohnen und investierten die steigenden Gehälter zunächst lieber in Konsumgüter – vom Kühlschrank bis zum Fernseher. Und sie entdeckten in den Ferien mit ihrem kleinen

Pkw besonders gerne die südeuropäischen Gefilde.

Erst mit steigendem gesellschaftlichen Wohlstand rückte der Traum vom eigenen Häuschen in den Vordergrund. In der Bundesrepublik war Bauland vergleichsweise günstig zu haben. Junge Familien brauchten auch mehr Platz für die Kinder. Also endlich raus aus den oft beengten Mietwohnungen, gerne mit einem gehörigen Anteil von Eigenleistungen beim Bau, um den Preis finanzierbar zu halten. Dennoch blieben gerade in den großen Städten, wo die Immobilienpreise wegen des Platzmangels schon immer vergleichsweise hoch waren, die meisten Menschen in ihren Mietwohnungen.

In der DDR war der Erwerb einer eigenen Immobilie äußerst schwierig umzusetzen. Außerdem wurden Mietwohnungen von der Regierung sehr stark subventioniert, sodass die Versuchung nicht sehr groß war, in ein Eigenheim ziehen zu wollen. Die Eigentümerquote war nach der Wiedervereinigung in den östlichen Bundesländern noch lange Zeit niedriger als in Westdeutschland.

Laut Statistischem Bundesamt (statista) hat sich von 1998 bis 2018 die Wohneigentümerquote in Deutschland von 40,9 Prozent langsam, aber kontinuierlich auf 46,5 Prozent gesteigert.

Laut der Allensbacher Markt- und Werbeträgeranalyse wohnten im Jahr 2022 rund 28,7 Millionen Personen in ihrem eigenen Haus und 4,75 Millionen in der Eigentumswohnung. Seit 2018 ist die Zahl der Personen, die eine Eigentumswohnung besitzen, stetig gestiegen. Gemäß der Sparda-Studie „Wohnen in Deutschland 2021“ und aktuellen Daten von statista.de ist knapp die Hälfte der Gesamtbevölkerung im Besitz einer Immobilie. Damit liegt Deutschland in einem großen europäischen Vergleich aber immer noch an vorletzter Stelle, nur noch unterboten von der Schweiz mit rund 42 Prozent Wohneigentümern.

Woran das liegt, zeigen Statistiken

Seit einigen Jahren werden die Immobilienkäufer und -käuferinnen im Durchschnitt immer älter. Jüngere Haushalte haben in Deutschland zunehmend Probleme, Wohneigentum zu erwerben. Statistiken und Umfragen für diese Schieflage gibt es zuhauf. So zeigt es auch eine Berechnung von empirica (veröffentlicht im LBS-Marktbericht 2021) über Wohnimmobilien. Betrachtet wurden Mieterhaushalte mit Menschen im Alter zwischen 30 und 44 Jahren. Die Frage war, wie sich im Lauf der Zeit das Verhältnis zwischen den regionalen Kaufpreisen für Wohnimmobilien und den regionalen Einkommen und Ersparnissen verändert hat (siehe auch Spaltenkasten Seite 14).

Wenn man sich die Argumente gegen den Erwerb näher anschaut, meinten die meisten Interviewten laut LBS-Bericht, dass die Immobilienfinanzierung nicht am Einkommen scheitern würde, sondern am

30 SEKUNDEN FAKTEN

8,7 %

sprich: rund 500 000 Mieterhaushalte mit Menschen zwischen 30 und 44 Jahren hatten im Jahr 2010 die realistische Chance, Wohneigentum zu erwerben.

4,8 %

waren es nur noch 2020, das sind rund 241 000 Mieterhaushalte.

BINNEN ZEHN JAHREN

hatten sich demnach die Chancen, hierzulande Wohneigentum zu erwerben, fast halbiert!

Quelle: empirica

hohen Eigenkapitalbedarf (mehr dazu in „Kauf: Eigenkapital ist Trumpf“ ab Seite 75), den finanzierende Banken voraussetzen.

Die Preise für selbst genutztes Eigentum haben sich laut VdP (Verband deutscher Pfandbriefbanken) im Durchschnitt seit 2008/2010 bis 2022 knapp verdoppelt. Sprich: Auch die Kaufnebenkosten (mehr dazu siehe Seite 128), die sich nach dem Wert der Immobilie bemessen, sind erheblich gestiegen.

Zwar zeichnet sich seit dem letzten Quartal 2022 in vielen Orten eine leichte Entspannung ab: Die Kaufpreise für selbst genutztes Wohneigentum sind nach vielen Jahren zum ersten Mal deutschlandweit leicht gesunken. Doch stark gestiegene Zinsen für Immobiliendarlehen und eine Inflation, die viele Haushaltsausgaben spürbar verteuert, belasten die Planungsträume für eine realistische Baufinanzierung.

Überraschend war auch das Ergebnis einer Onlineumfrage mit rund tausend jungen Teilnehmerinnen und Teilnehmern zwischen 18 und 29 Jahren im Auftrag des Magazins „Spiegel“, die Anfang 2023 veröffentlicht wurde. Danach würden über zwei Drittel dieser Altersgruppe am liebsten dauerhaft in der eigenen Immobilie leben, sei es in einem gekauften Haus (32 Prozent), einem neu gebauten Haus (23 Prozent) oder in der Eigentumswohnung (14 Prozent). Und über die Hälfte der Befragten gab an, dass sie gerne in den nächsten zehn Jahren eine Immobilie kaufen würden. Die Frage, die sich ihnen dabei am drängendsten stellt: Ob und wie sie sich das auf absehbare Zeit leisten können?

Laut einer anderen Umfrage des Bauherren-Schutzbunds haben 55,6 Prozent der bauwilligen Menschen im Jahr 2022 ihre Pläne aufgegeben, weil sie die Kosten nicht mehr stemmen konnten.

Statistiken hin oder her: Was tun?

Rund 70 Prozent der Mieterinnen und Mieter in Deutschland wünschen sich eine eigene Immobilie (Interhyp-Wohntraumstudie, 2023). Das frei stehende Einfamilienhaus mit Garten war dabei mit 53 Prozent die beliebteste Wohn- und Lebensform. Sie hatte allerdings gegenüber dem Vorjahr, als noch 64 Prozent diesen Wunsch hegten, signifikant verloren. Viele Menschen haben ihre Träume wohl angepasst. Denn kleinere Lösungen wie das Reihenhaus oder das Tiny House haben in der Umfrage zusammen immerhin 5 Prozentpunkte zugelegt.

Den ganzen Statistikkram mal auf die Seite geschoben: In vielen Köpfen bleibt wohl das Ziel beim Erwerb von Eigentum immer noch: „Ich baue mir und meiner Familie ein Haus oder kaufe eine Wohnung, um spätestens zur Rente mietfrei wohnen zu können – auch, falls ich pflegebedürftig werden sollte."

Was also tun? Sich von den allgemeinen Wirtschaftsdaten entmutigen lassen und resigniert aufgeben?

Warum nicht trotz aller Widrigkeiten dranbleiben? Warum nicht für die (wachsende) Familie ein Haus bauen, mit Garten, und die Finanzierung auf 20 Jahre durchrechnen? Wenn dann in 20 Jahren absehbar ist, dass die Kinder das Nest verlassen, dass die Nähe zur Kita oder Schule für das bequemere Alltagsleben nicht mehr wichtig ist, kann man sein Eigenheim verkaufen. Mit dem Erlös ließe sich woanders zum Beispiel eine kleinere Wohnung finanzieren, die dann besser zu den anstehenden Plänen für die nächsten Jahre passt.

Oder: Ein paar Jahre später haben sich die Kinder beruflich etabliert und einen festen Wohnort gefunden, an dem sie in den nächsten Jahren bleiben werden. Wer bereit ist für einen Neustart, könnte nach reiflicher Überlegung schon frühzeitig in eine moderne Wohnung in deren Nähe ziehen, um etwa als aktive Großeltern bei der Betreuung der Enkelkinder auszuhelfen – und später einmal selbst leichter familiäre Unterstützung bekommen.

Klar, die Kaufnebenkosten von 10 bis 12 Prozent des Kaufpreises muss man beim Erwerb von Immobilien jeweils bezahlen und als einmalige Ausgaben „abschreiben". Aber in guten Lagen kann man langfristig auch mit einer Wertsteigerung des Wohneigentums rechnen.

Mehr zum Thema Lage und finanzielle Abstriche lesen Sie auf Seite 18 „Die gute Lage – ein Mythos?" und Seite 19 „Vorsicht, Schönfärberei!".

Auch für Mietwohnungen wird's enger – nicht nur finanziell

Die aktuelle Situation auf dem Immobilienmarkt bedeutet auch für viele Mieterinnen und Mieter nichts Gutes.

Wenn sich immer weniger Haushalte Wohneigentum leisten können oder immer weniger den Schritt wagen wollen, bleiben potenzielle Immobilienbesitzer weiterhin Mieter oder Mieterinnen. Sie blockieren damit ihre Mietwohnungen für andere, finanziell schlechter gestellte Interessenten. Das erhöht zusätzlich den Druck auf dem Markt der Mietwohnungen und sorgt besonders in begehrten Wohnlagen dafür, dass die Angebotsmieten kräftig steigen.

Hinzu kommt, dass wegen der gestiegenen Baukosten immer weniger Neubauten fertiggestellt werden, was das Angebot an bezahlbarem Wohnraum nicht verbessert. Auch dadurch verschärft sich der Wettbewerb um Mietwohnungen, was die Preise weiter steigen lässt. Die durchschnittlichen Lohnsteigerungen konnten da in den letzten Jahren oft schon nicht mehr mithalten, um die Mehrkosten beim Wohnen auszugleichen. Und die teuren Folgen der Energiekrise seit 2021 treffen Mieter und Mieterinnen genauso wie die Eigentümer beziehungsweise Vermieter, die das über die umlagefähigen Nebenkosten (Betriebskosten) an die Mietenden durchreichen. (Siehe dazu auch die Statistik-Angaben im Spaltenkasten auf Seite 14.)

Wobei deutschlandweite Durchschnittswerte die Situation in einigen Brennpunkten lediglich unzureichend darstellen. So hat die Brutto-Kaltmiete von Haushalten mit geringem Einkommen in begehrten Wohnlagen, vor allem in den Großstädten, inzwischen vielfach die Marke von 40 Prozent des Haushaltseinkommens überschritten. Und die Situation auf dem Mietwohnungsmarkt soll sich nach Einschätzung vieler Fachleute aus der Branche in den nächsten Jahren noch weiter verschärfen, denn gebaut wird weiterhin weit unter dem aktuellen Bedarf.

In der Diskussion, wie extrem teuer das Mieten einer Wohnung oder eines Hauses geworden sei, wird gerne auf die Angebotspreise für Neuvermietungen abgehoben. Man muss bei den Mietkosten allerdings unterscheiden, ob es sich um günstigere Bestandsmieten oder teure Neuvermietungen (zum Beispiel Mietverträge, die in den letzten 12 Monaten geschlossen wurden) handelt, die nur einen sehr geringen Anteil aller Mieterinnen und Mieter betreffen.

Eigenheim oder Miete. Was war bislang besser?

Die Entscheidung für oder gegen Wohneigentum hat in der Regel Konsequenzen für die nächsten 15, 20 oder 25 Jahre. Doch wie war das früher? Wie war es um die Renditen bestellt?

Die letzten 10 bis 15 Jahre haben in Deutschland viele Bauherrinnen und Bauherren sowie Käufer und Käuferinnen von Wohneigentum verwöhnt: Die zunächst noch stabilen und günstigen Preise bei Grundstücken und Bauleistungen, kaum Inflation, historisch niedrige Finanzierungskosten für Immobilienkredite und der stete Zustrom in die größeren Städte samt Ballungsräumen haben für außerordentliche Wertsteigerungen bei Wohngebäuden gesorgt. Dass das nicht immer so war, vergisst man darüber leicht.

Hat sich das Eigenheim also in der Vergangenheit finanziell gelohnt? Für Eigennutzer spielen auf der Einnahmenseite Mieterträge keine Rolle, sie sind ja keine Vermieter. Es kommt bei dieser Rechnung insbesondere auf die eingesparten Mietzahlungen und die Wertentwicklung der Immobilie an. Bulwiengesa ist eines der großen unabhängigen Beratungs-, Analyse- und Bewertungsunternehmen für die Immobilienbranche in Deutschland. Aus seinen Zahlen geht hervor, dass sich die Immobilienpreise seit 1975 im Schnitt ungefähr so wie die Inflationsrate oder auch etwas besser entwickelt haben. Das zeichnet den großen Trend für den Zeitraum nach. Es gab Phasen mit kräftigen Aufschwüngen und längere Phasen stagnierender oder gar sinkender Preise. Die Zahlen zeigen aber, dass Immobilien auf lange Sicht durchaus Inflationsschutz geboten haben, man also langfristig zumindest mit einem realen Werterhalt rechnen kann, sofern man sein Haus gut in Schuss hält.

Was den Gewinn bei einem Verkauf angeht: Eigentümerinnen und Eigentümer unterschätzen gerne die investierten Summen für laufende Instandhaltungen und Reparaturen, die man natürlich gedanklich vom erzielten Gewinn abziehen muss. Und: Je älter die zum Verkauf angebotene Immobilie ist, desto mehr macht sich der Wertverlust durch mangelnden Wohnkomfort, Modetrends (etwa Fliesen) über Technikinstallationen (Einbauküche!) bis zur Raumaufteilung bemerkbar. Zudem zeichnet sich für die nächsten Jahre ab, dass der energetische Status des Gebäudes eine bedeutende Rolle für die Wertermittlung spielen wird: Je

Preisindizes für selbst genutztes Wohneigentum

Index in Prozent. Referenz ist der Jahresdurchschnitt 2010 = 100 %.

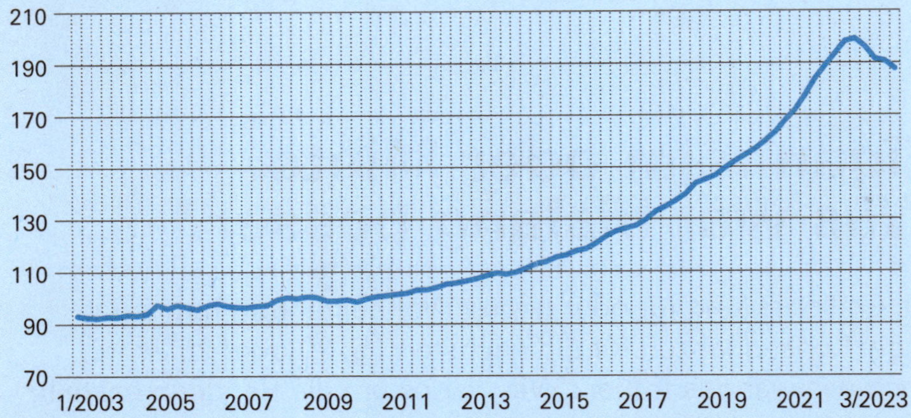

Quelle: Berechnungen auf Basis der Transaktionsdatenbank der vdpResearch, Stand: November 2023

schlechter das Heizungssystem und die Dämmwerte sind, desto teurer wird für neue Eigentümerinnen und Eigentümer die gesetzlich vorgeschriebene energetische Aufrüstung. Und das wiederum mindert bereits jetzt den Verkaufspreis, der sich für eine Immobilie erzielen lässt.

Schaut man sich die veröffentlichten Statistiken zur Wertentwicklung von Wohnimmobilien in Deutschland seit 1992 an (Quelle Europace et al.), lässt sich feststellen, dass sich in den Jahren 1992 bis etwa 2010 die Werte kaum verändert haben und mit geringen Schwankungen stabil geblieben sind, also keine echten Wertsteigerungen gebracht haben.

Das spricht nicht gerade für finanzielle Gewinne durch den Kauf einer Wohnimmobilie in dieser Zeit. Da brauchte es schon einen sehr langen Atem, um von den starken Preisanstiegen nach der Weltwirtschaftskrise 2007/2008 zu profitieren.

Die gute Lage – ein Mythos?

Die außerordentliche Preisrallye in den deutschen Großstädten – seit rund vierzehn Jahren! – hat sich bei den meisten von uns stark in der Erinnerung festgesetzt und prägt ganz wesentlich die Vorstellung, dass sich Immobilien „in guten Lagen" immer rentieren und bedeutende Wertsteigerungen erfahren.

Befeuert wird diese Einstellung oftmals durch die Erfolgsberichte, etwa aus dem Kollegen-, Freundes- und Familienkreis. Hier wird nicht selten gerne erzählt, wie sagenhaft sich der Wert der eigenen Immobilien in den letzten 20 Jahren entwickelt hat. Von den anderen Eigentümern, die mit ihrem Kauf – aus welchen Gründen auch immer – in derselben Zeit Verluste gemacht haben, werden Sie nur in den seltensten Fällen etwas hören.

Dass solche Phasen nicht ewig weitergehen können, sollte sich eigentlich von selbst verstehen. Wenn wir den Blick in die Zukunft richten, können wir also nicht einfach davon ausgehen, dass die Wertsteigerungen bei Wohnimmobilien weiter so rasant wachsen werden wie in den letzten zehn bis 15 Jahren. Fachleute warnten nicht umsonst seit einiger Zeit, dass der Immobilienmarkt in Deutschland zumindest an begehrten Orten bereits überhitzt sei und eher Preiskorrekturen nach unten zu erwarten seien. In unserer großen Untersuchung für Finanztest 8/2023 bestätigte sich diese Tendenz bereits erkennbar in den aktuellen Verkaufszahlen. Zum ersten Mal seit vielen Jahren sanken die Immobilienpreise deutlich. Und bis Ende 2023 setzte sich der Trend in Deutschland weiter fort: In Finanztest 1/2024 titeln wir „Preise sinken weiter". Die entsprechenden Artikel finden Sie kostenpflichtig unter test.de/immobilienpreise.

Im dritten Quartal 2023 kosteten Eigentumswohnungen in den sieben größten Städten Deutschlands im Schnitt 7,5 Prozent weniger als im dritten Quartal 2022. Besonders heftig war der Preisverfall in Frankfurt am Main mit einem Minus von 10,7 Prozent innerhalb eines Jahres.

Gleichzeitig stiegen die Neuvertragsmieten in den sieben größten Städten im selben Zeitraum um 1,7 bis 8,7 Prozent, wobei die sogenannten Speckgürtel um die Großstädte herum vereinzelt sogar noch höhere Steigerungen erlebten, allerdings bei niedrigeren Ausgangswerten.

Vorsicht – Schönfärberei!

Was Ihnen Maklerprofis, Immobilienfinanzierer und Verkäufer von Bauunternehmen in der Werbung ausmalen,und wie die Realitäten sind.

Wenn Sie sich nach den zurückliegenden Seiten der Lektüre weiterhin für das Thema Hauskauf oder den Erwerb von Wohneigentum interessieren, ist dieser Abschnitt besonders wichtig, wenn Sie eine Wohnimmobilie suchen wollen. Sie werden dann in der Anbieterwelt immer wieder zahlreichen Mythen und Klischees begegnen, die zwar weit verbreitet und allgemein bekannt, aber trotzdem nur manchmal oder gar nicht zutreffend sind. Schauen wir uns daher auf den nächsten Seiten die bekannten Werbesprüche einmal näher auf ihren Wahrheitsgehalt an.

Wenn Sie bei der Suche nach Wohnimmobilien auf schicke Illustrationen mit Slogans wie „Wertsteigerungen über Jahrzehnte hinweg" stoßen: Fragen Sie den Anbieter zunächst, ob es inflationsbereinigte Zahlen sind! Nur die geben die reale Wertsteigerung der Immobilie wieder, wenn man das in Relation zur Entwicklung der Kaufkraft im gleichen Zeitraum bewertet.

„Das ist eine 1A Lage, Sie können gar nichts verkehrt machen"

Die Lage ist in der Tat außerordentlich wichtig. Dieser Spruch aber ignoriert die Tatsache, dass gesuchte Lagen bereits heute überdurchschnittlich teuer sind, Kaufinteressierte also die aktuelle Wertschätzung bezahlen. Das garantiert aber keineswegs, dass diese Lage in den nächsten 10 bis 25 Jahren weiterhin im Preis steigen wird. So lässt sich seit Ende 2022 beobachten, dass es einen deutschlandweiten Trend zu sinkenden Immobilienpreisen gibt, der auch begehrte Lagen betrifft (siehe dazu auch vorheriger Abschnitt). Das sind ganz reale Wertverluste selbst in Top-Lagen.

Tatsächlich richtet sich die Wertentwicklung einer Immobilie nach der Entwicklung der nahen Umgebung oder des Stadtteils, in dem sie sich befindet. Wer frühzeitig in einer unbeliebten Gegend billig eine Immobilie kauft, kann von viel größeren Wertsteigerungen profitieren, wenn dann die Umgebung in den nächsten Jahren erheblich aufgewertet beziehungsweise „gentrifiziert" (siehe Kasten Seite 21) wird. Anders herum: Wer eine heute begehrte Lage teuer bezahlt und beispielsweise das Pech hat, dass dort in den nächsten Jahren eine neue Durchgangs- oder Umgehungsstraße gebaut wird, kann sich auf sinkende Verkaufspreise einstellen. Gleiches lässt sich zum Beispiel in den Flugschneisen zu und von einem neuen Flughafen beobachten.

„Das Eigenheim kennt keine Mieterhöhungen"

Das ist im wörtlichen Sinne richtig, gilt aber nur für eine befristete Zeit: Einmal gekauft, sind im Regelfall die monatlichen Raten zur Rückzahlung des Bankkredits auf 10, 15 oder 20 Jahre festgeschrieben. Es bleibt das Risiko, dass nach Ablauf der ersten Zinsbindungszeit das Zinsniveau für Immobilienkredite erheblich gestiegen ist und eine Anschlussfinanzierung unerwartet teuer wird. Dies gilt insbesondere bei Kreditfinanzierungen, die von den Beraterinnen und Beratern von Anfang an mutwillig „billiggerechnet" wurden. Das dicke Ende kommt dann nach Ablauf der Zinsbindungsfrist, wenn der Kredit nur gering getilgt wurde, die Restschulden also noch hoch sind und darauf plötzlich ein deutlich erhöhter Zinssatz fällig wird.

Die Kosten für den laufenden Betrieb des Eigenheims können durch Inflation auch kräftig steigen. Aber das sind formal keine Mieterhöhungen.

„Das kostet Sie monatlich nicht mehr als die Mietwohnung"

Schauen Sie besser genauer hin. Wenn Sie sich von Immobilienunternehmen, Maklern oder Kreditvermittlern ausrechnen lassen, was Sie der Kauf einer Eigentumswohnung oder eines Häuschens kosten würde, gibt es viele Stellschrauben, mit denen Ihre künftige monatliche Belastung gedrückt werden kann. Die monatlichen Raten für die Kreditrückzahlung lassen sich auf dem Papier oder Bildschirm schön kleinrechnen, indem man zu niedrige Zinssätze verwendet und den Tilgungssatz möglichst gering ansetzt. Dass Sie den Kredit dann in 30 Jahren immer noch nicht zurückgezahlt haben werden, sehen Sie ja nicht sofort. Und dass sich nach Ablauf der Zinsbindung die Restschuld kaum verringert hat und Sie dann wegen gestiegener Kreditzinsen in die Falle laufen können, wird man Ihnen dabei auch nicht erzählen.

Nicht vergessen sollten Sie auch, dass Ausgaben für notwendige Reparaturen und Instandhaltungen am Eigenheim (bei der Eigentumswohnung auch für Verwaltergebühren) den Geldbeutel von Eigentümern erheblich stärker belasten können als den von Mietern.

Worauf es für eine solide Finanzierung wirklich ankommt, diskutieren wir im Kapitel „Lohnt sich ein Immobilienkauf?" (ab Seite 27).

„Das abbezahlte Eigenheim ist die beste Altersvorsorge"

Eines der am häufigsten genannten Argumente für den Kauf einer Immobilie ist der Hinweis auf ein „kostenfreies" Zuhause im Rentenalter. Die Kredite sollen bis dahin im

---

i **Gentrifizierung** bezeichnet zumeist die Verdrängung einkommensschwächerer Haushalte durch wohlhabendere Haushalte in innerstädtischen Quartieren, somit einen wichtigen Aspekt der Auswirkung sozialer Ungleichheit auf den Wohnungsmärkten. Es kann aber auch die Verdrängung gewerblicher Nutzer durch profitablere Nutzungsformen, sei es Wohneigentum oder andere geschäftliche Nutzungen, beinhalten. (Quelle: Bundeszentrale für politische Bildung, bpb.de).

Einfach nur gut
Schuldenfrei in den Ruhestand zu gehen ist wichtig. In einem passenden Zuhause und Umfeld zu wohnen sorgt zudem für mehr Wohlbefinden.

besten Fall abbezahlt sein. Damit docken sich Anbieter gerne an Umfragen an, die Menschen zur „Versorgungslücke im Alter" befragten (siehe Seite 45). Es blieben dann nur noch die laufenden Wohnkosten, die man als Mieter genauso aufbringen muss. Das ist erst einmal richtig: Ein schuldenfreies Eigenheim kann in der Tat ein wichtiger Baustein bei der Altersvorsorge sein.

Doch dabei sollte man ein paar Punkte nicht vergessen: Das Familienhaus mit eigenem Garten kann im Rentenalter möglicherweise auch Probleme bereiten. Vielleicht ist es nach Auszug der Kinder zu groß. Oder die Heizungskosten sind aufgrund der Wohnfläche zu hoch. Es kann passieren, dass betagte Eigentümer professionelle Hilfskräfte in Anspruch nehmen – und bezahlen – müssen, zum Beispiel für die Gartenarbeit. Und wer das Haus seit Jahrzehnten bewohnt, ohne sich in dieser Zeit ernsthaft und konsequent um die Instandhaltung gekümmert zu haben oder notwendige Reparaturen ständig aufgeschoben hat, braucht sich über weitere Ausgaben nicht zu wundern: veraltete Elektrik, verkalkende Wasserinstallationen, ein undichtes Dach, mangelnde Dämmung, ausfallende Heizungsanlagen.

Die meisten älteren Eigenheime wurden nicht barrierefrei errichtet. Allerdings lässt sich einiges je nach Bedarf nachbessern: Austausch der Heizungsventile gegen Thermostatventile, motorisierte Außenjalousien, sogar ein Treppenlift lässt sich einbauen. Die Kosten hierfür übernimmt ab einem bestimmten Pflegegrad die Krankenkasse.

Ein Tipp: Wer heute neu baut, kann für die Zukunft entsprechend vorsorgen, Förderungen für Barrierefreiheit nutzen und die Gebäudeautomatisierung einplanen.

Und bei alternden Eigentumswohnungen? Da fallen die Kosten für Unterhalt und Instandhaltung sowie Reparaturen etwas niedriger aus. Diese Ausgaben werden für das Gemeinschaftseigentum auf alle Miteigentümer aufgeteilt. Die Kosten für eine neue Dachdeckung zum Beispiel, die Hauseigentümer zu 100 Prozent aus der eigenen Tasche bezahlen müssen, werden in einem

Mehrparteienhaus in der Regel nach den Miteigentumsanteilen aufgeteilt, was die einzelnen Eigentümer trotz der insgesamt größeren Dachfläche wesentlich weniger kostet. In größeren Eigentümergemeinschaften werden regelmäßig monatlich Beiträge für die Instandhaltung geleistet und angespart, sodass es einen Topf gibt, aus dem die meisten zu erwartenden Instandhaltungskosten bezahlt werden können, ohne die Eigentümer mit zusätzlichen Sonderumlagen schockieren zu müssen.

Und wie sieht das mit dem eigenen Haus oder der Eigentumswohnung rein finanziell betrachtet als „gemauerte Spardose" aus?

Nicht immer steigen Immobilien im Wert, man kann bei einem Verkauf sogar Verluste einfahren, wenn der erzielbare Verkaufspreis unter Berücksichtigung der Inflation geringer ist als der ursprüngliche Kaufpreis plus Kaufnebenkosten. Die Neben kosten mussten beim Erwerb ja bezahlt und abgeschrieben werden, ohne dass sie zur Wertsteigerung der Immobilie beitragen.

Mieter hingegen, die Börsengeschäfte nicht scheuen und ihr Kapital fürs Alter in Wertpapieren, etwa Investmentfonds, angesammelt haben, statt es in eine Immobilie zu stecken, können das Geld zur Deckung einer monatlichen Finanzierungslücke im Rentenalter flexibel handhaben (siehe auch „ETF" und „Pantoffel-Rente", ab Seite 59 und Seite 86) und nach und nach abrufen (aufzehren). Das geht mit einer selbst genutzten Immobilie nicht ganz so einfach. Man kann sie verkaufen und das Geld dann anlegen, um davon zu zehren. Aber es ist nicht gesagt, dass sich gerade dann ein Käufer findet, wenn man umziehen möchte. Alternativ gibt es zum Beispiel die Möglichkeit des Teilverkaufs. Die hat allerdings Tücken.

→ Teilverkauf im Alter? Vorsicht!

Inzwischen gibt es Angebote speziell für die Eigentümer von Ein-/Zweifamilienhäusern, ihr Eigenheim im Alter (teilweise) zu Geld zu machen, während sie noch darin wohnen können. Dieser Teilverkauf im Alter wird von vielen Finanzprofis kritisch bewertet. Finanziell ist das Modell unter dem Strich in den meisten Fällen nicht attraktiv. Es gibt bessere Alternativen, um vom Verkauf des Eigenheims zu profitieren. Mehr zum Teilverkauf gibt es bei Finanztest 12/2022 „Haus verkaufen oder beleihen?" oder unter test.de/immobilienrente (kostenpflichtig). Dort wurden fünf Testpersonen zu Anbietern geschickt und deren Ergebnisse ausgewertet.

Eine andere Option ist eine Umkehrhypothek (auch Rückwärtsdarlehen oder Immobilienrente genannt) bei einer Bank, die aber rein wirtschaftlich betrachtet auch selten attraktiv ist. Es gibt neben Teilverkauf und Umkehrhypothek zum Beispiel auch den Verkauf gegen ein lebenslanges Nießbrauchs- oder Wohnrecht.

Rosarote Brille runter!

Sie sehen Ihre Traumimmobilie schon vor sich? Sie wurden vielleicht geprägt durch: Miete pfui, was Eignes hui? Das kann den Blick auf harte wirtschaftliche Daten verzerren.

Von frischgebackenen Eigentümern und Eigentümerinnen hört man oft: „Für die Rückzahlung unseres Bankkredits zahlen wir monatlich nicht mehr, als wenn wir was mieten würden." „Jeden Monat auf Nimmerwiedersehen Geld an den Vermieter überweisen? Nein. Jetzt zahlen wir Zinsen fürs Bankdarlehen, aber monatlich tilgen wir einen immer größeren Teil der Schulden. In XY Jahren sind wir durch und zahlen nur noch laufende Betriebskosten."

Solche Vergleiche blenden wichtige Fakten aus. Die Eigentümer stellen hier nur die monatlichen Raten, die sie der Bank überweisen müssen, der monatlichen Zahlung der Kaltmiete gegenüber. Die wahren Kosten addieren sich aber aus einigen Positionen zusätzlich auf. Da sind die

- monatlichen Raten für die Kreditrückzahlung (Zinsen & Tilgungsanteil).
- langfristig zu erwartenden durchschnittlichen Instandhaltungskosten pro Monat.
- laufenden Überweisungen für Hausversicherungen und Grundsteuer.
- auf die Nutzungszeit umgelegten monatlichen Anteile der Kaufnebenkosten.
- eventuell entgangenen Gewinne aus angelegten Geldern, die stattdessen für die Immobilienfinanzierung genutzt wurden (im Fall „Miete" aber noch Erlöse einbringen würden).
- sonstigen nicht umlagefähige Nebenkosten, die im Fall „Miete" der Vermieter oder die Vermieterin trägt.

Wenn man diese Positionen jeweils ermittelt und pro Monat kalkuliert, kommt man auf deutlich höhere Kosten für Eigentümer, die oft den Vergleich mit dem gleichwertigen Modell „Mieten" übersteigen.

Hinzu kommt der Wertverlust des Gebäudes über die Jahrzehnte. Bestandshäuser, die zwischendurch nicht saniert wurden, sind mit steigendem Alter in der Regel preiswerter als Neubauten. Und für ein baufälliges, nicht sanierungsfähiges Haus kann der Verkaufswert samt Grundstück bis auf null sinken, etwa dann, wenn Abriss- und Entsorgungskosten fürs Gebäude den Kaufpreis für Grund und Boden übersteigen.

Es wird also Zeit, den wirtschaftlichen Vergleich „Kaufen oder Mieten" anhand realer Zahlen und mit den vollständigen Kostenfaktoren aufzustellen. Dass der Kauf einer Immobilie als neues Zuhause noch durch ganz andere Beweggründe angetrieben wird, darauf kommen wir bei „Wo stehe ich, was will ich?" ab Seite 45 zurück.

Wirft man dem Vermieter tatsächlich Geld hinterher?

Bei der Frage des Vermögens im Alter – zum Beispiel zum Renteneintritt – kann die Realität auch ganz anders aussehen. Steckt man das im Vergleich zum Eigentümer eingesparte Geld – also Startkapital und Finanzierungskosten – in einen Sparplan zur Altersvorsorge, kann das Vermögen zum Renteneintritt trotzdem größer sein als der Zeitwert des Wohneigentums. Voraussetzung dafür ist, dass man ab dem Zeitpunkt, wo man sich gegen einen Kauf entschieden hat, einen langfristigen Sparplan zur Altersvorsorge aufgesetzt und über die ganzen Jahre konsequent durchgehalten hat.

Mieterschutz nicht garantiert

So manch älterer Mensch denkt vielleicht „Jetzt muss ich nicht mehr jeden Moment damit rechnen, dass die Mietvertragskündigung ins Haus flattert!" In Deutschland ist der gesetzliche Schutz für Mieter hoch, solange man seine Mietraten regelmäßig bezahlt. Kündigungen durch die Vermieter steigen aber mit angespannter Lage auf dem Wohnungsmarkt deutlich: Oft greifen sie dann zur Eigenbedarfskündigung, weil die Hürden dafür vergleichsweise gering sind (siehe ab Seite 105). Auch hohes Alter schützt nicht vor Kündigung. Für alle, die längerfristig in Wohnung oder Haus bleiben wollen, ist der Kündigungsschutz ein gutes Eigenheim-Kaufargument.

Mehr Schutz bei Eigentum?

Wer mit seiner monatlichen Kreditrückzahlung mit mehr als 2,5 Prozent des Kreditbedarfs in Verzug gerät (etwa bei Arbeitslosigkeit oder bei Scheidung) könnte ein Dilemma erleben: die Zwangsversteigerung (siehe Seite 132) mit enormen finanziellen Folgen – und oft auch psychischen Belastungen.

Gegen dieses Risiko kann man sich mit einer Darlehensabsicherung beziehungsweise Restschuldversicherung wappnen. Restschuldversicherungen zahlen grundsätzlich im Todesfall der Darlehensnehmenden: Verstirbt man, übernimmt die Versicherung die Bedienung des Kredits. Einige Restschuldversicherungen sichern zudem weitere Risiken wie Arbeitsunfähigkeit, Arbeitslosigkeit und Scheidung ab. Klingt gut, aber ... Kritische Stimmen wie die des Verbraucherzentrale Bundesverbands bemängeln zu Recht, dass diese Versicherungsform deutliche Nachteile für Verbraucherinnen und Verbraucher aufweist. So sind viele solcher Verträge vergleichsweise teuer und verbergen hinter komplexen Formulierungen viele Haftungsausschlüsse. Das kann zu langwierigen juristischen Auseinandersetzungen führen. Aber Zeit und Geld für Prozesskosten haben in dieser Notlage die wenigsten Betroffenen.

Lohnt sich ein Immobilien-kauf?

Seit der massiven Zinserhöhung für Immobilienkredite ist die Vergabe von Hypothekendarlehen und Baugenehmigungen eingebrochen. Nun sinken die Kaufpreise zwar leicht, doch der tiefere Griff in die Tasche bleibt.

→ **In den Tagesmedien** häuften sich seit Frühjahr 2023 die Schlagzeilen von einer katastrophalen Situation auf dem Bausektor: Angehende Häuslebauer stoppen ihre Pläne, und sogar die großen Immobiliengesellschaften stellen geplante Bauprojekte erst einmal zurück oder ganz ein.

Wenn es also gerade so schwierig und teuer ist, Wohneigentum zu bauen oder zu kaufen, lohnt sich das dann überhaupt noch? Und was kommt noch mit den immer drängenderen Anforderungen an die Einsparung von CO2 auf Hausbesitzer zu?

Fakt ist aber auch, dass wegen hoher Baukosten insbesondere Neubauwohnungen auch für Mieter und Mieterinnen teurer werden, schließlich wollen Vermieter und Vermieterinnen noch etwas Gewinn machen. Die Neuvertragsmieten sind 2023 wieder um 6,3 Prozent im Vergleich zum Vorjahr gestiegen.

Eines sollte mit Blick auf die Statistiken zudem nicht vergessen werden: Man kann ja immer noch eine (günstigere) Bestandsimmobilie erwerben, statt neu zu bauen. Wie bereits erwähnt: Seit Ende 2022 gibt es auch dort eine Trendwende bei den Preisen, die zum ersten Mal seit vielen Jahren wieder sinken. Auch die Zinsen, die sich zwei Jahre lang stetig nach oben bewegt hatten, sind zuletzt seit Herbst 2023 leicht gesunken. Das zeigte unsere Untersuchung im Frühjahr 2024. Im Zusammenspiel mit den gestiegenen Mieten macht das einen Kauf wieder attraktiver.

Fazit: Die allgemeingültige Pauschalantwort auf die Frage, ob sich Mieten oder Kaufen mehr lohnt, gibt es nicht. Dieses Buch möchte Ihnen bei Ihrer persönlichen Entscheidung helfen. Dazu geben wir Ihnen die wichtigsten Daten, die dafür von Bedeutung sind, an die Hand und werfen auf den nächsten Seiten einen Blick auf einige Kostenverhältnisse und Berechnungsbeispiele.

Die Situation bei Eigentumswohnungen

Wie erkennt man, ob der Kaufpreis samt sämtlichen Kosten, Belastungen und Verlusten noch stimmt? Lohnt sich die Investition wirklich? Stünde man mit einer Mietwohnung besser da?

Bauträger stoppten im Jahr 2023 zahlreiche große Bauprojekte, weil sie sich wirtschaftlich nicht mehr rentieren. Angesichts der vielen Krisen, die das Bauen behindern oder zu teuer machen: Lohnt es sich überhaupt noch, über den Kauf einer Eigentumswohnung nachzudenken?

Wir meinen ja, durchaus. Denn die Situation unterscheidet sich dann doch deutschlandweit von Region zu Region, teilweise sogar von Stadtteil zu Stadtteil. Ein häufig verwendeter Indikator dafür, wo ein Kauf interessant sein kann, ist der Vergleich von Kauf- und Mietpreisen für Eigentumswohnungen in einer bestimmten Region. Man ermittelt dann das Verhältnis von Immobilienpreisen zu den jährlichen Einnahmen durch Jahreskaltmieten: Wie viele Jahresmieten für diese Immobilie brauche ich, um mit dem Kaufpreis gleichzuziehen? Wenn eine Wohnung für weniger als das 25-Fache der Jahresmiete zu haben ist, dann stimmt das Verhältnis, sprich: dann gilt der Kauf noch als finanziell attraktiv.

Finanztest meint dazu: Erst wenn das Verhältnis 22 oder 23 beträgt, was natürlich

Das Kaufpreis-Miete-Verhältnis

	KÖLN Kaufpreis-Miete-Verhältnis: 21,1	**BERLIN** Kaufpreis-Miete-Verhältnis: 34,5
Kaufpreis	435 000	630 000
Nebenkosten Grunderwerbssteuer, Makler, Notar- und Grundbuchkosten	+ 50 000	+ 70 000
Gesamtkosten	= 485 000	= 700 000
Mindesteigenkapital 10 Prozent des Kaufpreises zuzüglich Nebenkosten	− 93 500	− 133 000
Kreditsumme	= 391 500	= 567 000
Monatsrate[1)] Zinssatz 4,0 %, Tilgung 1,5 %	1 794	2 599
Bewirtschaftungskosten 4,50 Euro/m^2 und Monat	+ 450	+ 450
Gesamtbelastung pro Monat	= 2 244	= 3 049
Monatsmiete für vergleichbare Wohnung Inkl. 3 Euro/m^2 und Monat Betriebskosten	− 2 020	− 1 820
Mehrbelastung durch Kauf (pro Monat)	= 224	= 1 229
Zinsverlust bei Kauf (pro Monat) bei 3 Prozent Zinsen pro Jahr	+ 234	+ 333
Mehrbelastung inklusive Zinsverlust (pro Monat)	= 458	= 1 561

Alle Angaben in Euro. 1) Monatsrate = Kreditsumme × (Zins- + Tilgungssatz) : 1 200. Quelle für Preise und Mieten: vdpResearch, Stand: 1. Quartal 2024 auch von der Kreditzinsentwicklung abhängig ist, sollte der Kauf keine viel größere Belastung für den Geldbeutel sein als die Miete. Kostet eine Wohnung mehr als das 25-Fache der Jahresmiete, ist sie bereits relativ teuer. Das veranschaulicht unser Vergleich für Köln und Berlin (Stand 3/2024, siehe dazu Abbildung auf Seite 29).

Wie das im Einzelfall aussieht, wollen wir an diesen zwei Beispielen für Köln und Berlin darstellen. Es soll jeweils eine 100 Quadratmeter große Wohnung in guter Lage mit guter Ausstattung gekauft beziehungsweise gemietet werden.

Was sofort auffällt: Um die Kaufnebenkosten und einen Anteil von 10 Prozent des Kaufpreises bezahlen zu können, braucht man bei einer 100-Quadratmeter-Wohnung in Berlin mindestens 133 000 Euro Eigenkapital. Im deutlich günstigeren Köln sind es nur 93 500 Euro. Mit einem Kaufpreis-Miete-Verhältnis von 21,1 ist in Köln die monatliche Belastung schon 224 Euro höher als beim Mieten einer gleichwertigen Wohnung. Wenn man im Vergleich auch den potenziellen Verlust durch entgangene Zinseinnahmen noch berücksichtigt, sind es 458 Euro monatlich. In Berlin ist der Kaufpreis-Miete-Vervielfältiger 34,5 in unserem Beispiel jenseits von Gut und Böse. Die monatliche Mehrbelastung durch einen Kauf im Vergleich zur Mietwohnung liegt hier schon bei 1 229 Euro. Die Mehrbelastung inklusive eines potenziellen Zinsverlusts im Vergleich mit dem Mieter liegt dann bei 1 561 Euro. Ähnlich ungünstig ist das durchschnittliche Kaufpreis-Miete-Verhältnis aus der Summe aller Verkäufe 2024 in München, Hamburg und Stuttgart.

Finanztest-Rechner hilft

Wie teuer der Immobilienkauf dann wird, hängt von vielen Variablen ab, auch von den aktuellen Marktkonditionen für Immobilienkredite. Sie können das jederzeit aktuell mit Ihren konkreten Zahlen per Onlinerechner kostenfrei durchspielen: test.de/thema/baufinanzierungsrechner/, „Kaufen oder mieten?“, „Lohnt sich der Immobilienkauf?“. Ab Seite 34 werden wir auf die wichtigsten Variablen bei dieser Berechnung eingehen und sie an einem Beispiel durchrechnen.

---

i

Über den Kaufpreis zu verhandeln ist wieder möglich. Die Zeiten, in denen Immobilieninteressierte oftmals Schlange standen und fast jeden Preis akzeptierten, sind vorbei. Wer eine Immobilie kaufen will, hat – je nach Lage – derzeit gute Chancen, über den Preis erfolgreich zu verhandeln (Stand 4/2024).

Die Situation bei Ein- und Zweifamilienhäusern

Wem mehr Platz vor Augen schwebt, dazu Garten und Garage, muss intensiver kalkulieren. Das betrifft nicht nur den Neubau, sondern auch Bestandsgebäude.

→ **Bei den Bestandsgebäuden** sind vom 3. Quartal 2022 bis zum 3. Quartal 2023 die Kaufpreise für Ein- und Zweifamilienhäuser im deutschlandweiten Mittel um 6 Prozent gesunken.

Dabei zeichnet sich seit Anfang 2023 vor dem Hintergrund der neuen Gesetzgebung im Gebäudeenergiegesetz (GEG) ab, dass die Preise von Bestandshäusern zunehmend vom energetischen Zustand, also vom durchschnittlichen Energieverbrauch bestimmt werden. Diese Daten bekommen potenzielle Käufer heute verpflichtend mit dem Energieausweis für das Haus geliefert.

Diese These wird durch eine Studie von ImmobilienScout24 im Auftrag des Bundesverbands energieeffiziente Gebäudehülle e.V. (BuVEG) bestätigt. Grundlage dieser Studie war die Analyse von 200 000 Immobilien in Deutschland (Einfamilien-, Mehrfamilienhäuser und Eigentumswohnungen), die nach Regionen und Baualtersklassen miteinander verglichen wurden. Der Betrachtungszeitraum lag bei zwölf Monaten. Daraus ergab sich, dass Immobilien mit hoher Energieeffizienz bis zu 35 Prozent höhere Preise erzielen als offensichtliche Energieschleudern, die ansonsten vergleichbar sind. Die höchste Preisdifferenz von 35 Prozent bezog sich auf ältere Gebäude im ländlichen Raum. Der durchschnittliche Wertzuwachs für energieeffiziente Bestandsimmobilien lag deutschlandweit immerhin bei 22 Prozent. In die gleiche Richtung verweist die Beobachtung, dass energetisch sanierte Immobilien 67 Prozent mehr nachgefragt sind als unsanierte Vergleichsimmobilien.

Bei den selbst genutzten Neubau-Eigenheimen ist in den meisten Fällen noch keine deutliche Entspannung erkennbar. Aus dem Hauspreis-Index der Transaktionsplattform Europace ergab sich bei neuen Ein- und Zweifamilienhäusern bis Dezember 2023 ein leicht schwankender, aber kontinuierlicher Preisanstieg. Seit Mitte 2022 flacht der Anstieg der Kaufpreise bei den Neubau-Eigenheimen allerdings leicht ab.

Trau, schau, wem

Der Blick in eine Glaskugel liefert natürlich keine verbindlichen Prognosen, auf die Sie sich verlassen können oder sollen. Die großen Trends, die sich heute abzeichnen, versuchen Institute und Baufinanzierer abzuschätzen und in die Zukunft zu projizieren.

Wer im Internet danach sucht, stößt unweigerlich auf groß angelegte Studien oder Statistiken, die zum Teil weitreichende Prognosen wagen. Fragen Sie sich in diesen Fällen immer, wer die Studie oder Befragung beauftragt hat und welche Interessen hinter den veröffentlichten Ergebnissen stehen. Baufinanzierer oder die Postbank haben beispielsweise ein Interesse am Bild einer positiven Entwicklung am Immobilienmarkt. Wir sehen solche Prognosen eher skeptisch.

So ist bereits im Jahr 2020 eine Studie der Universität Freiburg in Kooperation mit dem Baufinanzierer Schwäbisch Hall erschienen, die den Ausblick in die Zukunft auf dem Immobiliensektor gewagt hat. Kurz zusammengefasst werden folgende Großtrends beschrieben: Bis zum Jahr 2030 sollen danach die Immobilienpreise weiter steigen. Besonders in begehrten Lagen in Deutschlands Süden und in den großen Ballungszentren soll der Trend wegen der hohen Nachfrage bis 2060 anhalten, wobei so eine Langfristprognose mit hohen Unsicherheiten behaftet ist und nur grobe Trends zeichnen kann.

Wie unsicher ein solcher Blick in die Zukunft ist, zeigt auch die Tatsache, dass in der Studie aus dem Jahr 2020 beispielsweise der Anstieg der Hypothekenzinsen noch gar nicht berücksichtigt werden konnte.

Obwohl die Bevölkerungszahl in Deutschland langfristig eher zurückgehen soll, soll die Nachfrage nach Wohnraum trotzdem ansteigen. Es wird immer mehr kleine Haushalte geben, die Anzahl der Haushalte soll bis 2030 um 6 Prozent zunehmen, meinen die Statistiker. Selbst bis 2060 soll die Zahl der Haushalte noch auf dem heutigen Stand sein.

“Es wird immer mehr kleine Haushalte geben.

Die sich daraus ergebenden Folgen wären dann: Wenn in einem durchschnittlichen Haushalt nur ein bis zwei Personen leben, wächst der Wohnflächenbedarf pro Person, denn eine Küche, ein Bad und mindestens einen Raum zum Wohnen und Schlafen braucht jede Wohnung. So soll die Wohnfläche pro Person von heute 45 Quadratmetern auf etwa 49 Quadratmeter im Jahr 2030 steigen. In dieser Erhebung von 2020 war der Zustrom von Flüchtlingen aus dem Krieg in der Ukraine noch nicht berücksichtigt. Laut destatis lebten zum 30. November 2022 mit 1035 000 Personen nahezu sieben Mal mehr ukrainische Staatsbürgerinnen und Staatsbürger in Deutschland als Ende Februar 2022.

Eine Quelle, auf die Sie vermutlich ebenfalls stoßen werden, ist der Postbank Wohnatlas 2023. Darin kommt auch das

Hamburgische Weltwirtschaftsinstitut zu dem Schluss, dass die Preise für Wohnimmobilien bis 2035 in vielen Regionen voraussichtlich weiter steigen werden, auch wenn im Jahr 2022 in rund 63 Prozent der deutschen Regionen die durchschnittlichen Preise für Eigentumswohnungen gegenüber 2021 gesunken waren. „Stagnierende oder sinkende Preise sorgen derzeit für eine Preisdelle, nach deren Rückgang Experten allerdings wieder höhere Preise bei Wohnimmobilien erwarten." „In fast der Hälfte der 401 deutschen Kreise und Städte können Wohnungsbesitzer damit rechnen, dass ihre Immobilie bis mindestens 2035 real an Wert gewinnt", heißt es dort.

Wer potenzielle Käuferinnen und Käufer ermutigen möchte, hebt natürlich hervor, wo der Erwerb von Wohnimmobilien voraussichtlich attraktiv bleiben wird.

Das sind laut Postbank Wohnatlas in erster Linie die Metropolen und deren nahes Umland, die „Speckgürtel". Für die Großstädte, das Umland der sieben größten Metropolen und für viele bayerische Regionen wird bis 2035 ein Bevölkerungswachstum von insgesamt rund 5 Prozent erwartet.

Aber nicht nur die prognostizierte Entwicklung der Bevölkerungszahlen für Städte und Regionen spielt bei diesen Prognosen eine Rolle, sondern auch die wirtschaftliche Entwicklung dieser Gebiete. Wo moderne Unternehmen ansiedeln, steigen die Gehälter. Angestellte können sich dann größeren und hochwertigeren Wohnraum leisten: Das verleihe dem Anstieg der Preise für Wohnimmobilien zusätzlichen Schwung.

Achtung: Bei all diesen Zahlen und Statistiken handelt es sich oft um Durchschnittswerte für ganz Deutschland, einzelne Bundesländer oder größere Städte und Ballungsgebiete. Aber selbst innerhalb einer Stadt können sich bestimmte Viertel in den nächsten Jahren zum Besseren oder zum Schlechteren entwickeln. Dieser lokale Einfluss kann den generellen Trend abschwächen oder verstärken. Doch wie treffen Sie am besten die Entscheidung, wenn man sich auf Prognosen nicht wirklich stützen kann?

Eine „Prognose" darf aber nicht vergessen werden:

Machen Sie sich bewusst: Die Kaufpreisentwicklung der eigenen Immobilie folgt nicht der allgemeinen Preisentwicklung in den Statistiken, weil dort immer konstante Referenzobjekte verglichen werden. Die eigene Immobilie verliert über die Jahre an Wert, wenn sie nicht kontinuierlich saniert und modernisiert wird!

Auf diese Werte kommt es an

Wie kommen Sie nun zu einem möglichst seriösen und sachlich korrekten finanziellen Vergleich für die Entscheidung, ob Sie besser mieten oder kaufen sollen?

Damit Sie etwas einfacher Ihre Entscheidung treffen können, stellt Finanztest, wie zuvor erwähnt, unter test.de/thema/baufinanzierungsrechner/ kostenlos einen Rechner zur Verfügung, der eine erste Abschätzung erlaubt (siehe Screenshot rechts). Mit dem Finanztest-Rechner können Sie ermitteln, ob Sie als Mieter oder Käufer einer Immobilie günstiger fahren, und dabei unterschiedliche Szenarien berücksichtigen. Für folgende Daten sollten Sie realistische Werte kennen beziehungsweise Annahmen treffen:

- Kaufpreis der Immobilie in Euro
- Nebenkosten vor allem für Grunderwerbssteuer (3,5 bis 6,5 Prozent je nach Bundesland), Notar- und Grundbuchgebühren sowie eventuelle Maklerhonorare
- Instandhaltungs- und Verwaltungskosten pro Jahr in Euro
- Die zu erwartende Kostensteigerung (von Instandhaltungs- und Verwaltungskosten) in Prozent
- Die Vergleichsmiete für eine vergleichbare Immobilie pro Jahr (Kaltmiete ohne Betriebskosten beziehungsweise Nebenkosten)
- Die zu erwartende Mietsteigerung (einer vergleichbaren Immobilie) pro Jahr in Prozent
- Die zu erwartende Wertsteigerung der Immobilie pro Jahr in Prozent. Eher konservative langfristige Werte liegen zwischen 1 und 2 Prozent.
- Ihr Eigenkapital in Euro
- Der Effektiv-Zinssatz in Prozent für den Immobilienkredit (Das Programm rechnet für die ganze Finanzierung mit einem einheitlichen Zinssatz. Wählen Sie deshalb am besten aktuelle Zinssätze für eine Zinsbindung von 20 oder 30 Jahren.)
- Der Tilgungssatz in Prozent, mit dem Sie die Tilgung beginnen wollen.
- Für die Alternativanlage des Mieters geben Sie den Anlagenzinssatz in Prozent an.
- Gleichfalls den Steuersatz auf Gewinne aus dem Anlagevermögen in Prozent
- Der Rechner fragt Sie außerdem, ob Sie verheiratet sind oder nicht. Das spielt bei der Bestimmung der unterschiedlichen Sparerfreibeträge für die Alternativanlage eine Rolle.

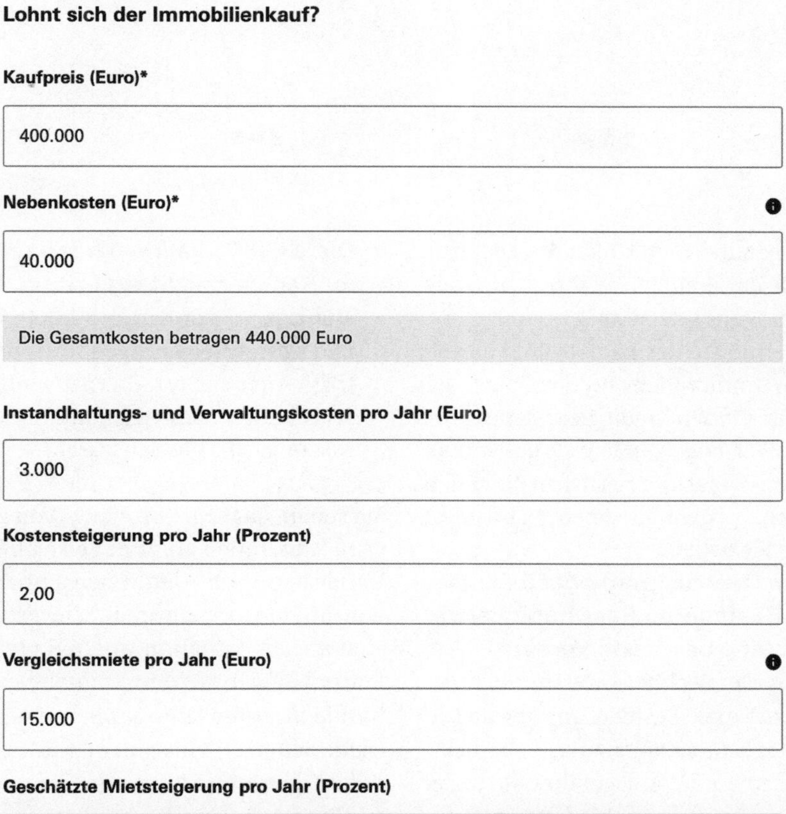
Lohnt sich der Immobilienkauf?

Kaufpreis (Euro)*

400.000

Nebenkosten (Euro)*

40.000

Die Gesamtkosten betragen 440.000 Euro

Instandhaltungs- und Verwaltungskosten pro Jahr (Euro)

3.000

Kostensteigerung pro Jahr (Prozent)

2,00

Vergleichsmiete pro Jahr (Euro)

15.000

Geschätzte Mietsteigerung pro Jahr (Prozent)

Anhand Ihrer eingegebenen Daten vergleicht der Rechner die Vermögensentwicklung von Käuferinnen und Käufern sowie Mieterinnen und Mietern.

Beispiel: Eigentümer Emil und Mieterin Mia im Vergleich

Der folgende Vermögensvergleich beruht auf einem identischen Kapitaleinsatz bei einer Mieterin, wir nennen sie Mia, und einem Eigentümer, genannt Emil, während des gesamten Vergleichszeitraums (nicht nur am Anfang).

In der Finanzierungsphase (Kredittilgung) hat die Mieterin Mia im Vergleich zum Eigentümer Emil in der Regel weniger Ausgaben, sodass sie den Differenzbetrag, den sie gegenüber Emil mehr in der Tasche hat, anlegen kann und der ihr Rendite bringt. Nach der Entschuldung des Käufers Emil hat hingegen Mieterin Mia regelmäßig eine höhere finanzielle Belastung als Emil.

Der Rechner berücksichtigt das wie folgt: Eine Ersparnis gegenüber dem Käufer wird dem Vermögen der Mieterin zugeschlagen, eine Mehrbelastung gegenüber dem Käufer wird von ihrem Vermögen abgezogen.

Ein sinkendes Vermögen bei der Mieterin Mia bedeutet, dass ihre Zinserträge nicht ausreichen, um daraus die Mehrbelastung, die sie gegenüber dem Käufer hat, zu tragen, sodass sie dafür einen Teil ihres vorhandenen Vermögens setzen muss.

Das Vermögen des Käufers Emil besteht aus dem Immobilienwert abzüglich der Restschuld für den Kredit. Die Mieterin Mia erzielt ihr Vermögen, indem sie das vorhandene Eigenkapital und zusätzlich die laufende Ersparnis gegenüber einem Kauf anlegt. Beachten Sie dabei:

- **Die im Rechner voreingestellte jährliche Besteuerung der Kapitalerträge ist eine bewusste Vereinfachung.** Der Rechner kann unmöglich die komplexen Besteuerungsregeln für alle möglichen Kapitalanlagen berücksichtigen, zumal Anleger ihr Geld in der Praxis meist auf verschiedene Anlageformen verteilen. Aktiendepots werden nicht erst bei der Auflösung des Depots besteuert. Dividenden zum Beispiel sind im Jahr der Ausschüttung zu versteuern. Außerdem werden in einem Aktiendepot im Laufe von 30 Jahren mit Sicherheit Umschichtungen vorgenommen. Eine Berücksichtigung der Steuerregeln für die diversen Kapitalanlagen würde zudem nur eine Scheingenauigkeit suggerieren. Es ist eher unwahrscheinlich, dass sich die Besteuerung von Kapitalerträgen in den nächsten 30 Jahren nicht ändert. Der Ansatz einer Steuerpauschale für die durchschnittliche Ertragsminderung pro Jahr reicht deshalb aus unserer Sicht aus.
- **Die allgemeine Inflationsrate wird im Rechner nicht explizit berücksichtigt.** Sie können aber Miet-, Wert- und Kostensteigerungen sowie die langfristige Rendite für Alternativanlagen erfassen und darin auch Inflationserwartungen einfließen lassen.

Sie sehen, das Ergebnis hängt von zahlreichen Annahmen ab, zum Beispiel von der Einschätzung der künftigen Entwicklung von Mieten und Immobilienwerten. Wir sind auf die Situation und die plausiblen Entwicklungen auf dem Immobilienmarkt für die nächsten Jahre bereits eingegangen (siehe Seite 28). Je nachdem, wie – ob Haus oder Eigentumswohnung – und wo Sie künftig wohnen wollen, sind daher manche Szenarien wahrscheinlicher oder unwahrscheinlicher.

Mitunter kann schon ein halbes Prozent Zinsen mehr oder weniger den Ausschlag darüber geben, ob in der „Prognoserechnung" langfristig der Eigentümer oder die Mieterin im Vorteil ist. Gewissheit gibt es nicht. Mithilfe des Programms können Sie aber prüfen, unter welchen Voraussetzungen sich die eigenen vier Wände lohnen. Das bietet eine gute Orientierung für Ihre Entscheidung. Wir empfehlen, mehrere Szenarien mit unterschiedlichen Annahmen insbesondere über die künftige Miet- und Wertentwicklung durchzuspielen.

Kühler Kopf
Ein Eigenheim kaufen? Oder doch weiter zur Miete wohnen? Beim Berechnen der vielen möglichen Varianten braucht es einen kühlen Kopf und Geduld. Doch die Mühe lohnt sich allemal.

Zusätzliche Variablen und Optionen

Was gehört noch zu einem wirtschaftlichen Vergleich der beiden Optionen „Kaufen oder Mieter bleiben"? Wenn Sie sich diese Frage stellen, möchten Sie ja ein realistisches Szenario für das eigene Leben in den nächsten 10, 20 oder 30 Jahren entwerfen. Sie können versuchen, Ihre Zukunft bis in die kleinsten Details zu planen und auch mögliche Überraschungen abzufedern, indem Sie Reserven bilden. Es kann aber auch alles ganz anders kommen, als Sie sich das in Ihren Wünschen und Zielen ausgemalt haben.

Das sollte Sie nicht daran hindern, weitreichende Entscheidungen für Ihre Zukunft auf möglichst solide und begründete Argumente zu stellen. Dazu gehört, dass Sie die geeigneten Zahlen und Vergleichsgrößen kennen. So werden Sie auch unempfänglicher für das Feuerwerk der Werbung und die Überzeugungsversuche von „Beratern", die in Wahrheit umsatzgetriebene Verkäufer von Unternehmen sind.

Wichtig: Um einen realistischen Vergleich beider Wohnmodelle anstellen zu können, müssen Sie eine identische Ausgangssituation definieren, also jeweils die gleichen Annahmen festlegen.

- Die finanziellen Mittel, die Sie einbringen, sind zu Beginn des Vergleichs für beide Varianten gleich groß. Für die Finanzierung eines Eigenheims gehen wir vom Regelfall aus, dass ein erheblicher Anteil der Kaufkosten mit einem Immobilienkredit (Annuitätendarlehen, siehe auch ab Seite 134) finanziert wird, Sie also jeden Monat gleichbleibend hohe Kreditraten abbezahlen.

- Wir gehen davon aus, dass während des Vergleichszeitraums nur ein Kauf und ein (fiktiver) Verkauf zum Ende des Betrachtungszeitraums stattfinden. Erstens würde ein mehrfacher Wechsel der Konditionen während der Vergleichszeit die Berechnung deutlich komplexer machen, und zweitens würde die Immobilienkäuferin wegen der erheblichen Kaufnebenkosten gegenüber dem in Kapitalanlagen investierenden Mieter immer stärker in Nachteil geraten.
- Die monatlichen Mietzahlungen einer Mieterin werden unterschiedlich entweder dem Eigentümer als positiver Beitrag gutgeschrieben (eingesparte Miete der vergleichbaren Wohnung oder des Miethauses) oder der Mieterin als aufzuwendender Posten (Mietkosten fürs Wohnen) abgezogen. Wenn Sie sich für eines der beiden Modelle entscheiden, sollten Sie in Ihren Betrachtungen konsequent dabei bleiben.
- In der Zeit, während der der Eigentümer seinen Immobilienkredit abbezahlt (Kreditzinsen und Tilgung), hat er in der Regel höhere monatliche Kosten fürs Wohnen als die vergleichbare Mieterin. Diese Ersparnis muss die Mieterin Monat für Monat in ihre Kapitalmarktanlagen investieren, um letztlich in Summe auf identische Investitionen wie der Eigenheimbesitzer zu kommen. Wenn sie hingegen Monat für Monat den Kostenvorteil gegenüber dem Eigenheimbesitzer „verjubelt", hat sie zum Zeitpunkt der erfolgreichen Kreditrückzahlung nach 20 oder 30 Jahren deutlich weniger Geld investiert als der Eigentümer. Das widerspricht der Absicht, langfristig ein Vermögen zu schaffen, zum Beispiel im Rahmen der finanziellen Altersvorsorge. Wir bevorzugen für realistische Vergleiche also das Modell, bei dem die monatliche Kaltmiete der Mieterin als Aufwendung, also als „Minus" in die Bilanz geschrieben wird.

Wenn Sie sich fragen, wo die laufenden Wohnnebenkosten für Energie, Wasser, Abwasser, Müllentsorgung, Grundsteuer und Gebäudeversicherung erfasst werden:

Renditevergleich. Beim Vergleich von Renditen sollten Sie grundsätzlich beachten, ob es sich um nominale Renditen handelt, in denen die Inflation nicht rausgerechnet wurde, oder um reale Renditen, also die Prozentwerte, die nach Abzug der Inflationsrate im gleichen Zeitraum übrig bleiben.

Die können in diesem Vergleich außen vor bleiben, da sie – bei identischer Wohnsituation – für Eigentümer wie für Mieter in gleicher Höhe anfallen.

Nun bleibt noch festzulegen, welche Art von Rendite man in beiden Fällen für den Vergleich heranzieht. Geläufig sind die Objektrendite (auch Gesamtkapitalrendite genannt) und die sogenannte Eigenkapitalrendite.

Die Objektrendite betrachtet die Rentabilität ausschließlich mit den Zahlen, die für das Gebäude oder die Eigentumswohnung direkt von Belang sind. Woher das Geld stammt und welche Finanzierungskosten (Kreditzinsen) damit verbunden sind, spielt dabei keine Rolle. Sie erlaubt einen recht einfachen Renditevergleich verschiedener Kaufimmobilien.

Was hier ausgeblendet wird, sind eben die Finanzierungskosten für einen Immobilienkredit, den die meisten Käufer für den Erwerb aufnehmen müssen. Als Eigentümer möchte man aber gerade wissen, welche Rendite die eingesetzten Eigenmittel (Eigenkapital zu Beginn und laufende Tilgung des Kredits bis zur Schuldenfreiheit) erzielt haben. In der Logik dieser Rechenweise liegt es, dass nur bei einer 100-prozentigen Finanzierung des Kaufs aus Eigenkapital die Objektrendite und die Eigenkapitalrendite identisch sind. Für unsere Vergleiche ist die Eigenkapitalrendite die interessante Kennzahl.

Mieten oder Kaufen? Ein Vergleich mit geänderten Annahmen

Wie stellt sich der Vergleich zwischen Mieten und Kaufen mit diesen Rahmenbedingungen und Kennzahlen also dar? Damit Sie ein Gefühl dafür bekommen, welche Variablen auf die Bilanz dieses Vergleichs den größten Einfluss haben und wie sich das jeweils auswirkt, spielen wir hier mit unserem bereits erwähnten Onlinerechner (test.de/thema/baufinanzierungsrechner/) mehrere Varianten durch, immer ausgehend von den Grundannahmen aus der ersten Berechnung für eine Wohnung von 100 Quadratmetern, die 350 000 Euro kosten soll.

Dazu ändern wir immer je eine oder zwei Variablen und betrachten das Ergebnis.

Den größten Einfluss haben aus unserer Erfahrung die folgenden fünf Variablen (in dieser Reihenfolge):

1. **Das Kaufpreis-Miete-Verhältnis** beziehungsweise bei gegebenem Kaufpreis die Höhe der Miete für eine vergleichbare Wohnung
2. **Die Miet- und Wertsteigerungen**
3. **Das Zinsniveau** (der Darlehenszinssatz des Käufers und die erwartete Anlagerendite des Mieters)
4. **Das Eigenkapital**
5. **Die Tilgung**

Genau diese Werte haben wir in unserem Modellvergleich ausgetauscht. Siehe die gelb hinterlegten Felder in der Tabelle auf der folgenden Doppelseite.

Ein Vermögensvergleich mit geänderten Annahmen

Die Tabelle zeigt, wie sich der Vermögensvergleich von Mieter und Käufer verschiebt, wenn sich

Eigentumswohnung 100 Quadratmeter		Grundannahmen	1. Miete	
			Höher	Niedriger
Kaufpreis Immobilie		350 000 €	350 000 €	350 000 €
Nebenkosten[1]		42 000 €	42 000 €	42 000 €
Instandhaltung 17 €/m^2 plus Verwaltung 300 € pro Jahr		2 000 €	2 000 €	2 000 €
Zu erwartende Kostensteigerung pro Jahr		2 %	2 %	2 %
Vergleichsmiete/Jahr (Kaltmiete)		12 000 €	**16 800 €**	**10 000 €**
Zu erwartende Mietsteigerung/Jahr		2 %	2 %	2 %
Zu erwartende Wertsteigerung der Immobilie/Jahr		2 %	2 %	2 %
Eigenkapital		78 400 €	78 400 €	78 400 €
Zinssatz Immobilienkredit (aktuelle Zinssätze für 20 oder 30 Jahre Zinsbindung).		4 %	4 %	4 %
Tilgungssatz, mit dem die Tilgung beginnen soll		2 %	2 %	2 %
Alternativanlage des Mieters: Zinssatz in Prozent		5 %	5 %	5 %
Ergebnisse: Vorteil/Nachteil des Immobilienkäufers	nach 10 Jahren	–23 829 €	38 173 €	–70 316 €
	nach 20 Jahren	16 043 €	181 220 €	–111 166 €
	nach 30 Jahren	90 898 €	421 719 €	–169 817 €
	Vorteil für Käufer ab Jahr	17	6	nie
	Mehrbelastung im 1. Jahr	8 816 €	4 016 €	8 816 €
Eigenkapitalrendite	nach 10 Jahren	2,46 %	6,73 %	–1,31 %
	nach 20 Jahren	4,24 %	7,34 %	1,70 %
	nach 30 Jahren	4,53 %	7,08 %	2,54 %

1) Grunderwerbssteuer: 3,5 bis 6,5 % je nach Bundesland, Notar- und Grundbuchgebühren ca. 2 %, evtl. Maklerhonorare 2,975 bis 3,57 %.

nur ein oder zwei Annahmen in der Rechnung ändern (siehe die gelb hervorgehobenen Felder).

2. Miet- & Wertsteigerung		3. Niedrigere Kreditzinsen und Anlagerendite	4. Mehr Eigenkapital	5. Schneller tilgen
Höher	Niedriger			
350 000 €	350 000 €	350 000 €	350 000 €	350 000 €
42 000 €	42 000 €	42 000 €	42 000 €	42 000 €
2 000 €	2 000 €	2 000 €	2 000 €	2 000 €
2 %	2 %	2 %	2 %	2 %
12 000 €	12 000 €	12 000 €	12 000 €	12 000 €
3,5 %	**1 %**	2 %	2 %	2 %
3,5 %	**1 %**	2 %	2 %	2 %
78 400 €	78 400 €	78 400 €	**120 000 €**	78 400 €
4 %	4 %	**3 %**	4 %	4 %
2 %	2 %	2 %	2 %	**3 %**
5 %	5 %	**4 %**	5 %	5 %
53 564 €	–49 664 €	20 163 €	–22 710 €	–23 395 €
251 588 €	–52 781 €	121 488 €	18 426 €	18 427 €
623 503 €	–46 943 €	279 337 €	94 594 €	96 093 €
6	**nie**	8	17	17
8 816 €	10 816 €	5 680 €	6 320 €	11 952 €
7,11 %	0,73 %	4,78 %	2,81 %	2,62 %
7,49 %	3,04 %	5,64 %	4,2 %	4,2 %
7,23 %	3,58 %	5,49 %	4,48 %	4,46 %

Quelle: Eigene Berechnungen

Hier noch einmal ausführlich die Ergebnisse, die Sie in der Tabelle auf den vorherigen Seiten schon ablesen konnten,

1 **Höhere Vergleichsmiete.**
Bei unseren Grundannahmen waren wir von einer Miete von 12000 im Jahr ausgegangen. In der Großstadt sind bei einer Neuvermietung für eine 100-qm-Wohnung statt 10 Euro/qm schnell 14 Euro/qm Kaltmiete pro Monat fällig. Die Vergleichsmiete beträgt dann statt 12000 Euro 16800 Euro jährlich. Den Kaufpreis haben wir bei 350000 Euro belassen, wodurch sich das Kaufpreis-Miete-Verhältnis deutlich verschiebt.
Ergebnis: Da die gesparte Miete höher ist, verbessert sich die Situation für den Käufer erheblich. Bereits ab dem 6. Jahr ist er im Vergleich zum Mieter im Vorteil und nicht erst nach 17 Jahren wie bei der Ursprungsmiete.
Nach 30 Jahren liegt sein Vermögen mit 633977 Euro beim Dreifachen der Mieter mit 212258 Euro.
Niedrigere Vergleichsmiete.
Das Ganze haben wir noch einmal mit einer niedrigeren Vergleichsmiete von nur 10000 Euro im Jahr gerechnet.
Ergebnis: Auch hier verschiebt sich das Kaufpreis-Miete-Verhältnis erheblich, aber in die andere Richtung: Zahlt der Mieter 2000 Euro weniger Miete als in unseren Grundannahmen, ist der Käufer nie im Vorteil, nach 30 Jahren ist er mit 169817 Euro im Nachteil.

2 **Höhere Miet- und Wertsteigerungen.** Die Miete und der Immobilienwert entwickeln sich beide mit durchschnittlich je 3,5 Prozent schneller als zunächst mit den vergleichsweise stabilen 2 Prozent angesetzt.
Ergebnis: Da die Immobilie schneller im Wert steigt und gleichzeitig die Miete für eine vergleichbare Wohnung ebenfalls steigt, liegt auch hier der Käufer schneller im Plus als bei den Grundannahmen. Mieter sind durch die Mietsteigerungen stärker belastet, der Käufer durch die Wertsteigerung hingegen entlastet. Deshalb macht der Käufer bereits nach dem 6. Jahr den besseren Schnitt. Und nach 30 Jahren beträgt sein Vermögensvorteil gegenüber den Mietern satte 623503 Euro.
Niedrigere Miet- und Wertsteigerungen. Sowohl die Miete als auch der Immobilienwert steigen statt um 2 nur um jeweils 1 Prozent.
Ergebnis: Das sieht dann gleich ganz anders aus: Mieter profitieren davon, dass die Miete relativ stabil bleibt, der Käufer profitiert kaum von Wertsteigerungen. Das bewirkt, dass er nie im Vorteil ist und nach 30 Jahren Mietern mit 46943 Euro hinterherhinkt.

3 **Das Zinsniveau.** Das Zinsniveau für den Darlehenszinssatz (3 Prozent statt 4 Prozent) und die erwartete Anlagerendite (4 Prozent statt 5 Prozent) steigen langfristig durchschnittlich beide

etwas langsamer als in den Grundannahmen angesetzt.
Ergebnis: Die Entwicklung geht hier im Vergleich zur Grundannahme zugunsten des Käufers auf. Die lediglich um einen Prozentpunkt geringeren Finanzierungskosten für den Kredit und die gleichzeitig um einen Prozentpunkt geringere Rendite bei den alternativen Anlageformen wenden das Blatt zugunsten der Eigentümer bereits nach 8 und nicht erst nach 17 Jahren Jahren. Nach 30 Jahren liegt das Vermögen des Käufers hier 279 337 Euro vor dem des Mieters.

4 **Das Eigenkapital.** Statt des ursprünglich eingesetzten Eigenkapitals von 78 400 Euro können die Käufer jetzt 120 000 Euro Eigenkapital in die Finanzierung einbringen.
Ergebnis: Wir hatten den Ertrag für die alternative Geldanlage der Mieter mit 5 Prozent höher angesetzt als den Kreditzins für das Darlehen von 4 Prozent. Die Mieter liegen längere Zeit im Vergleich vorne. Hier gewinnt der Käufer genau wie bei unseren Grundannahmen nach 17 Jahren gegenüber den Mietern. Nach 30 Jahren liegt er mit seinem Vermögen 94 594 Euro vor den Mietern.

5 **Die Tilgung.** Die Tilgung für den Kredit soll statt der ursprünglich geplanten 2 Prozent jetzt mit 3 Prozent festgelegt werden.
Ergebnis: Durch die höhere Tilgung ist der Kredit nach rund 22 Jahren zurückgezahlt. Da liegt der Eigentümer schon mit 30 747 Euro im Vermögensplus gegenüber den Mietern. Auch hier hat sich die Rechnung nach 17 Jahren zugunsten des Käufers gedreht. Rein rechnerisch ergibt sich dadurch nach 30 Jahren ein Vermögensvorteil von 96 093 Euro für den Eigentümer im Vergleich zu den Mietern.

Fazit für die durchgespielten Varianten: Man sieht deutlich, wie schon kleine Änderungen bei den Annahmen das Endergebnis massiv beeinflussen können, ganz besonders beim Kaufpreis-Miete-Verhältnis und bei den Miet- und Wertsteigerungen. In vielen der Modellrechnungen ergibt sich für die Käufer der Eigentumswohnung über die Zeiträume von 20 und 30 Jahren ein Vermögensvorteil im Vergleich zu den Mietern. Erkauft werden diese Vermögensvorteile mit zum Teil deutlichen Mehrbelastungen für die Käufer in den ersten Jahren der Kreditrückzahlung. Und: Das Pendel wendet sich schnell zugunsten der Mieter, wenn zum Beispiel ihre Miete preiswert ist und bleibt.

Nachdem wir uns bisher fast ausschließlich mit der finanziellen Seite des Vergleichs „Mieten oder Kaufen“ befasst haben, wollen wir nicht vergessen, dass diese Entscheidung nicht nur aus ökonomischen Gründen getroffen wird. Dazu mehr in den folgenden Kapiteln.

Wo stehe ich, was will ich?

Bei Ihrer Entscheidung, ob Sie weiterhin zur Miete wohnen oder doch „etwas Eigenes" erwerben wollen, sind wirtschaftliche Gründe wichtig, inklusive Altersvorsorge. Lebensart und -einstellung spielen aber auch eine Rolle.

Je nachdem, wie Ihre Lebenssituation aussieht und wie alt Sie sind, werden Sie die Frage, was Sie wollen und was Ihnen besonders wichtig ist, aus einer ganz unterschiedlichen Position heraus beantworten. Wenn Sie jung sind und eine Ausbildung machen oder studieren, sind Sie unabhängig und beweglich. Dann haben Sie für Ihre „Wohnraumplanung" und Altersvorsorge noch viel Zeit vor sich.

Dass sich aber viele Menschen in Deutschland zur finanziellen Lücke im Alter Gedanken machen, zeigte sich auch in einer Umfrage vom April 2023. Diese wurde im Auftrag der R+V Versicherung durchgeführt. So befragte man im März 2023 dazu in ganz Deutschland rund 1000 Männer und Frauen im Alter von 21 bis 65 Jahren. Danach sorgen sich hierzulande die meisten Menschen um ihre finanzielle Situation im Rentenalter. Etwa die Hälfte (49 Prozent) der Befragten erwartet eine große finanzielle Versorgungslücke im Alter, ein gutes Fünftel (21 Prozent) erwartet eine sehr große. 26 Prozent rechnen sich in ihrem Fall eine eher geringe Lücke aus. Lediglich 4 Prozent der Studienteilnehmer und -teilnehmerinnen gaben an, dass sie zuversichtlich sind, über ein ausreichendes finanzielles Polster zu verfügen.

Da stellt sich die Frage, wie die Menschen fürs Alter vorsorgen wollen, unabhängig von der gesetzlichen Rente. Interessant ist, dass zum Zeitpunkt der Befragung viele der

Befragten von sich aus gar nicht oder lediglich mit kleinen Sparbeträgen fürs Alter vorsorgten. Und diejenigen, die jeden Monat etwas zurücklegten, gingen „auf Nummer sicher“: Am häufigsten wurde das klassische Banksparbuch genannt, an zweiter Stelle die Investition in eine eigene Immobilie, an dritter Stelle kamen private Rentenversicherungen mit fester Verzinsung. Das sind erfahrungsgemäß alles keine großen Renditebringer. Man könnte nun anführen, dass im Frühjahr 2023 bei den Menschen noch der Schock durch die sprunghaft gestiegene Inflation bei den Konsumausgaben nachwirkte. Die hier genannten Zahlen entsprechen aber durchaus den längerfristigen Trends, die in weiteren Umfragen ermittelt wurden.

Wenn Ihnen vorschwebt, Ihre Altersvorsorge-Lücke mit einer eigenen Immobilie zu füllen, helfen Beispiele und Zahlen, die zeigen, welche Wohnform sich Menschen unterschiedlichen Alters eher wünschen – und welche für sie realisierbar, sprich: finanzierbar ist, um sich über die eigenen Wünsche und ihre Realisierbarkeit klarer zu werden.

Jeder Lebensabschnitt hat unterschiedliche Ansprüche

In den ersten Berufsjahren stecken viele Menschen in der Orientierungsphase, verdienen noch kein großes Gehalt und wechseln vielleicht in der nahen Zukunft mehrmals Arbeitgeber und Wohnort. Möglicherweise stehen Aufenthalte im Ausland an, etwa wenn man bei einem internationalen Unternehmen arbeitet. In solchen Situationen denken vermutlich nur wenige an ein Eigenheim. Nach einem beruflichen Aufstieg oder mit zwei Verdienenden in einem Haushalt sieht es finanziell meist schon besser aus.

Wer Glück hat, erhält von den Eltern einen Zuschuss.

Vielleicht überlegt man auch, zu heiraten und eine Familie zu gründen. Wer Glück hat, erhält von den Eltern einen Zuschuss. Oder die Großeltern helfen etwas. Kündigt sich Nachwuchs an, wird man in absehbarer Zeit mehr Wohnraum brauchen und kann sich gut ein anderes Umfeld vorstellen. Die Aussicht ist durchaus realistisch, dass das nächste Zuhause das Familienheim für die folgenden zehn und mehr Jahre wird. Wenn also ohnehin aus Platzgründen in naher Zukunft ein Umzug ansteht, könnte man ja auch gleich ins eigene Haus oder in eine geräumigere Eigentumswohnung ziehen.

Die Chancen, von der Bank einen Immobilienkredit zu bekommen, hängen nicht zuletzt von der Art ab, wie man sein Geld verdient. Wer verbeamtet ist, genießt in der Regel einen besonders guten Status bei der Sicherheit des Einkommens. Auch als Angestellte in einem unbefristeten Vertrag bekommen Sie eine positive Bewertung und haben eine solide Ausgangsbasis für einen

Immobilienkredit zu guten Konditionen. Wer etwa selbstständig als Anwalt, Ärztin oder nachweisbar erfolgreich als Unternehmer tätig ist, erhält bei den Kreditgebern gleichfalls einen Vertrauensvorschuss und gilt als geringes Risiko. Und zwei Einkommen in einem gemeinsamen Haushalt sind immer besser als eine einzelne Kreditnehmerin, die eine Familie zu versorgen hat.

Schwieriger wird es in einem befristeten Arbeitsverhältnis, für Solo-Selbstständige und Unternehmensgründer ohne gesichertes regelmäßiges Gehalt. Da Kreditgeber hier mit einem höheren Ausfallrisiko rechnen, sind sie bei der Vergabe von Krediten zurückhaltender, und die zu zahlenden Zinsen für ein Darlehen sind häufig höher als bei den „sicheren" Kandidatinnen und Kandidaten.

Wer im Berufsleben etabliert ist, zur Miete wohnt und Kinder hat, die flügge sind, will sich vielleicht den lang gehegten Traum vom Wohneigentum erfüllen, auch mit der Absicht, im Rentenalter mietfrei wohnen zu können. Vielleicht hat man in den letzten Jahren einen finanziellen Puffer angespart oder einen zuteilungsreifen Bausparvertrag in petto, der sich in einen Immobilienkauf oder Hausbau investieren ließe. Oder es hat sich Geld aus einer Erbschaft oder Schenkung angesammelt. Bei der Frage, wie Sie in dieser Situation eine Kreditfinanzierung planen sollen, spielt jetzt der zeitliche Horizont eine wichtigere Rolle, bis zu dem Sie schuldenfrei sein wollen.

→ Ersterwerb: Viele starten mit 37 oder 38 Jahren

In Deutschland waren die Ersterwerber und Ersterwerberinnen von Wohnhäusern und Eigentumswohnungen im Jahr 2021 gemittelt 38 Jahre alt. Bauherren und Bauherrinnen starteten durchschnittlich ein Jahr früher im Alter von 37 Jahren. (Quelle: Dr. Klein Privatkunden AG)

Als Best Ager ab 55 Jahren will man das zu groß gewordene selbst gebaute Familienheim vielleicht aufgeben und den Verkaufserlös in eine moderne, am besten barrierefreie Immobilie stecken, in der es sich lange gut leben lässt. Mit dem hohen Grundstock an Eigenkapital kann man eine Kreditaufnahme klein halten. Das sorgt für gute Konditionen bei den Kreditgebern und eine vergleichsweise kurze Laufzeit bis zur vollständigen Tilgung des Darlehens. Und wer bisher immer zur Miete gewohnt hat, konnte vielleicht mit einem Sparplan zur Altersvorsorge oder über eine Kapitallebensversicherung Vermögen ansammeln, das sich möglicherweise jetzt in den Kauf einer Immobilie stecken ließe.

Der Kauf eines Apartments im betreuten Wohnen wäre eine ganz andere Option. Darin könnte man den Lebensabend entspannt verbringen.

HÄTTEN SIE'S GEWUSST?

Unter **meineschufa.de** können Sie kostenlos Auskunft über die Daten anfordern, die die Schufa von Ihnen speichert. Klicken Sie auf der Internetseite ganz unten auf „Datenkopie (nach Art. 15 DS-GVO)".

Wichtig: Fordern Sie keine „Bonitätsauskunft" an, die prominent auf der Internetseite der Schufa steht. Sie kostet 29,95 Euro. Beschweren Sie sich bei der Schufa, wenn in der erhaltenen Auskunft etwas falsch ist. Legen Sie Kopien von Unterlagen bei, die Fehler in den Schufa-Daten beweisen.

Strittige Daten muss die Schufa bis zur Klärung sperren. Hilft das nicht, können Sie sich beim Schufa-Ombudsmann beschweren: **schufa-ombudsmann.de**. Sie können sich zudem an den Datenschutzbeauftragten Ihres Bundeslandes wenden.

Kreditwürdigkeit und Schufa
Deutschlands größte Auskunftei Schufa sammelt Daten über das Finanzverhalten von rund 68 Millionen Menschen, über ihre Girokonten, Kredite und Handyverträge. Sie berechnet „Scores", die etwas über die Kreditwürdigkeit und das Zahlungsverhalten der gespeicherten Personen aussagen. Vertragspartner der Schufa (etwa Banken, Energieversorger, Telekommunikationsunternehmen) nutzen den Score, um zu entscheiden, ob sie etwa einen Kredit gewähren. Für uns geschieht das oft unbemerkt, und wie der Status der Kreditwürdigkeit zustande kommt, ist für die meisten eine Blackbox.

Wir alle haben ein Recht, zu erfahren, welche Daten die Schufa über uns speichert. Wie die Kreditwürdigkeit berechnet wird bleibt aber geheim. Nach einem Urteil des Bundesgerichtshofs (Az. VI ZR 156/13) reicht es, wenn die Schufa Auskunft erteilt, welche personenbezogenen und kreditrelevanten Daten in die Berechnung der Wahrscheinlichkeitswerte eingeflossen sind. Die Formel für die Berechnung eines Score-Wertes sei Geschäftsgeheimnis, sagt die Schufa. Verbraucherschützer kritisieren, dass Betroffene damit keine Möglichkeit haben, zu prüfen, ob dem Urteil der Schufa eine Fehlannahme zugrunde liegt.

Der Europäische Gerichtshof (EuGH) hat am 7. Dezember 2023 dieses Scoring immerhin als unzulässig eingestuft (Az. C-634/21), falls die Vertragspartner der Schufa allein wegen dieses übermittelten Score-Wertes einen Vertrag ablehnen. Das wäre eine verbotene automatisierte Entscheidung im Einzelfall, befand das Gericht. Beispiel dafür wäre, wenn die Bank das Scoring maßgeblich für die Entscheidung nutzt, ob jemand einen Kredit bekommt oder nicht.

Meist liegen der Bank viel mehr Infos über Kreditkunden vor als der Schufa: Sie weiß, ob man fest angestellt ist, regelmäßiges Einkommen und weitere Vermögenswerte hat. Dies wird in der Regel beim Kreditantrag abgefragt. Der Score dürfte also nicht maßgeblich für die Entscheidung sein.

Der EuGH hat auch entschieden, dass die Schufa Daten nicht länger speichern darf, als sie in öffentlichen Verzeichnissen gespeichert werden. Damit folgt er den Schlussanträgen des Generalanwalts (März 2023). Aufgrund dessen hatte die Schufa bereits im Vorfeld die Speicherdauer für Informationen zu einer Restschuldbefreiung von 36 auf sechs Monate verkürzt.

Unterschiedliche Ausgangssituationen

Alter, Karriereplanung, Familienplanung und persönliche Vorlieben bestimmen maßgeblich den Entschluss, ob man in Zukunft weiter zur Miete wohnen will oder eine eigene Immobilie kauft.

→ **Grundsätzlich** ist es vorteilhaft, wenn man sich bereits in jungen Lebensjahren Fragen zu Karriere, Familie und Vorlieben Pi mal Daumen beantworten kann. Dann bleibt noch viel Zeit, um sich in Ruhe auf einen Immobilienkauf vorzubereiten oder sich als Mieter oder Mieterin einen langen Anlagehorizont für den Aufbau einer Altersvorsorge auf dem Finanzmarkt abzustecken.

Je älter man wird, desto höher ist die Wahrscheinlichkeit, dass man einige Ersparnisse auf die hohe Kante legen konnte. Diese ließen sich als Eigenkapital für einen Immobilienkauf einsetzen. Gleichzeitig hat man aber immer weniger Zeit, um einen Immobilienkredit bis zum Rentenbeginn abzuzahlen oder eine Strategie für den Vermögensaufbau über Anlageinvestments zu entwickeln.

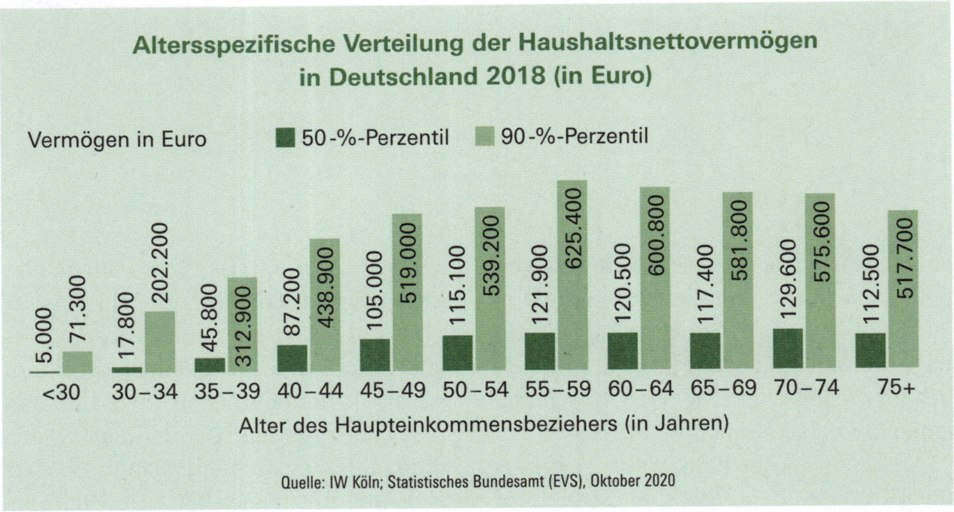

Nach Angaben des Instituts der deutschen Wirtschaft (IW Köln) erreicht man hierzulande das größte Vermögen durchschnittlich zum Ende des Berufslebens und Beginn der Rente. Die Verteilung der Vermögen in Deutschland zeigt die Grafik oben. Lesebeispiel: In einem Haushalt, in dem der oder die Haupteinkommensbeziehende 40 bis 44 Jahre alt ist, gehört man mit einem Vermögen von 438 900 Euro zu den reichsten 10 Prozent (90-%-Perzentil). Das Durchschnittsvermögen (50-%-Perzentil) liegt in dieser Altersgruppe bei 87 200 Euro. Vermögen beinhaltet neben finanziellen Rücklagen ebenfalls Investitionen in Immobilien oder anderen Anlagen.

Die Zahlen wurden allerdings 2018 erhoben. Nach der Lockdown-Zeit der Corona-Pandemie sollen die gesparten Vermögenswerte noch einmal deutlich gestiegen sein.

Erfahrungen und Emotionen

Geld spielt natürlich immer eine Rolle, aber die Entscheidung ist auch geprägt von den Wünschen und Erwartungen, die man mit der eigenen Wohnsituation verbindet. Wie ist man selbst aufgewachsen? War das eine schöne oder eine belastende Zeit? Was wünscht man sich für die Zukunft? Sollen es die eigenen Kinder mal besser haben? Vielleicht ist man als erwachsener Mensch auch erzwungenermaßen von Mietwohnung zu Mietwohnung umgezogen, weil immer der Mietvertrag gekündigt wurde? Wer sehnt sich dann nicht nach mehr Sicherheit und Stabilität fürs eigene Zuhause?

Emotionen bestimmen ganz wesentlich unseren Antrieb, sich auf ein so langfristiges Unternehmen wie den Erwerb oder Bau eines Eigenheims einzulassen. Wie sehen nun ein paar typische Lebenssituationen aus, in denen die genannten Argumente für oder gegen eine eigene Immobilie ganz unterschiedliche Gewichtungen haben? Schauen wir mal auf den nächsten Seiten, was einem jungen Paar (Jan und Laura), einem Paar mittleren Alters (Julia und Amir) und einem Paar vor dem absehbaren Ruhestand (Thomas und Sabine) so durch den Kopf gehen könnte.

Eigenkapital
Wer sich jung entscheidet, mal eine Immobilie etwa für die Familie zu kaufen, ist im Vorteil: Je früher man beginnt, Eigenkapital anzusparen, umso besser. Ein Bausparvertrag könnte da wieder hilfreich sein.

Laura und Jan in der Mietwohnung
Laura (27) und Jan (32) sind verheiratet. Sie arbeiten beide Vollzeit als Angestellte. Beide sind Berufsanfänger ohne viel Eigenkapital und leben zusammen in einer günstigen Mietwohnung in der Stadt. Die Mietergemeinschaft ist prima: man ist sich nah, aber nicht zu nah. Mit ihren zwei Gehältern kommen sie auf durchschnittlich 4800 Euro netto. Das ermöglicht es ihnen, jeden Monat einige Hundert Euro anzusparen.

Kaufen? Laura und Jan können sich gut vorstellen, eine Familie zu gründen, wollen sich aber noch ein paar Jahre ihre berufliche Flexibilität erhalten. Das berücksichtigt auch die Option, für einen Wechsel des Arbeitsplatzes kurzfristig umziehen zu können. Da sie noch über keine finanziellen Rücklagen, also über kein nennenswertes Eigenkapital verfügen, könnten sie zurzeit auch nicht mit den günstigsten Kreditkonditionen rechnen.

Die Option, sich jetzt schon mit einem lange laufenden Immobilienkredit mit vergleichsweise hoher monatlicher Belastung finanziell zu verpflichten, erscheint ihnen zu riskant.

Sie haben allerdings schon das Ziel, mittelfristig ein Eigenheim zu erwerben. Deshalb entscheiden sie sich erst einmal, weiterhin in ihrer Mietwohnung zu bleiben und gleichzeitig für die Zukunft einen Bausparvertrag abzuschließen. Den stimmen sie zeitlich so ab, dass die Darlehenszuteilung möglichst passend zum Zeitpunkt eines späteren Kaufes erfolgen kann. Parallel dazu sparen sie Beiträge für eine finanzielle Altersvorsorge an.

Laura und Jan wollen durch konsequentes Ansparen ein Vermögen aufbauen und legen dafür einen monatlichen Betrag fest. Beruflich können sie schon ungefähr einschätzen, wie sich ihre Einkommen entwickeln werden. Und mit der Familienplanung haben sie erklärte Ziele, die aber zeitlich noch nicht genau festzulegen sind. Es ist durchaus realistisch, dass sie in den nächsten Jahren Kinder bekommen wollen. Dazu gehört die Option, beruflich auszusetzen beziehungsweise längere Erziehungspausen

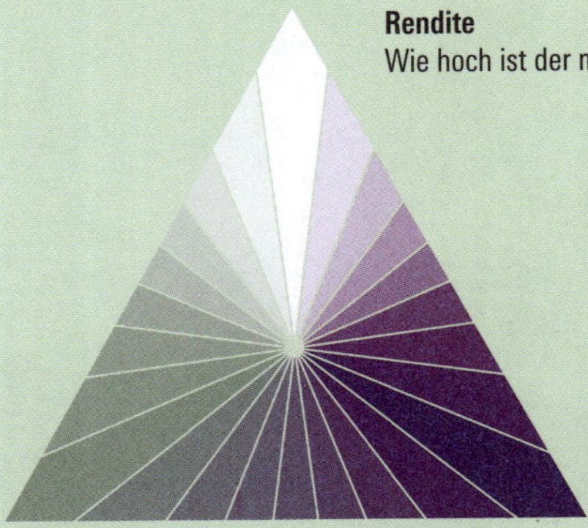

einzulegen oder ihre Arbeitszeit zu reduzieren. Sie wollen das Geld also flexibel anlegen, sodass sie in Notfällen oder bei einer größeren Änderung der Lebensumstände kurzfristig darauf zugreifen können.

Das magische Dreieck der Geldanlage

Laura und Jan haben ihr Sparziel definiert und ihren persönlichen Rahmen für die Planung abgesteckt. Sie überlegen, wie wichtig ihnen die drei grundlegenden Parameter der Geldanlage sind: Rendite, Sicherheit und Verfügbarkeit (Liquidität). Diese drei Punkte bilden das „magische Dreieck" (siehe die Grafik oben) – und sie widersprechen sich teilweise. Falls einer dieser Punkte für Sparer Priorität besitzt, müssen sie bei den anderen meist Abstriche machen. Sicherheit und Rendite gehen zum Beispiel nie Hand in Hand. Wer mehr Ertrag möchte, muss mehr Risiko wagen. Die erzielbare Rendite ist der Ertrag oder Gewinn der Anlage. Sie wird in Prozent angegeben und in der Regel pro Jahr berechnet. Bei Sparkonten gibt die Verzinsung (= Zins plus Zinseszins) die Rendite an. Meist steht dort schon von Beginn an fest, wie hoch sie ausfällt.

Anders ist das bei Investments zum Beispiel in Aktien oder ETF (siehe Kasten Seite 54). Deren Rendite liegt unter anderem in ihrem Wertgewinn – und den kann seriös niemand voraussehen. Außerdem können Börsenkurse schwanken, es kommt also auch auf ein gutes Timing beim Verkauf an. Aktienbesitzer und -besitzerinnen erhalten zudem jedes Jahr eine Dividendenzahlung. Deren Höhe ist abhängig vom Unternehmensgewinn und wird in der Hauptversammlung festgelegt.

→ Kosten, Abzüge und Steuern nicht vergessen

Wie hoch der Ertrag einer Investition letztlich ist, bestimmt nicht nur die Verzinsung. Es müssen auch Kosten bedacht werden, etwa für Konto, Depot und Wertpapierkauf. Erst nach deren Abzug kennen Sie die tatsächliche Rendite. Und denken Sie auch an die Steuern: Der jährliche Freibetrag für Kapitalerträge liegt bei 1 000 Euro/2 000 Euro (Singles/Ehepaare). Wird's mehr, hält das Finanzamt die Hand auf.

Damit sich das Geld vermehrt, sollte die Rendite natürlich möglichst hoch ausfallen. Schon kleine Unterschiede bei der Verzinsung haben im Ergebnis einen großen Effekt – vor allem auf lange Sicht durch den Zinseszins.

Investieren Laura und Jan beispielsweise einmalig 10 000 Euro und lassen diesen Betrag mit sämtlichen Zinserträgen auf dem Konto liegen, erhalten sie bei einem Zins von 2 Prozent nach zehn Jahren 12 190 Euro zurück.

Wählen sie eine Anlage, die einen Prozentpunkt mehr Zinsen bringt, erhalten sie dagegen 13 439 Euro.

Sie sehen: Das Ergebnis unterscheidet sich also nicht nur um 1 Prozent, sondern um gut 10 Prozent. Je länger die beiden ihr Geld anlegen, desto deutlicher fällt der Unterschied im Ergebnis aus.

Besonders wichtig ist die Rendite dann, wenn Laura und Jan langfristig sparen können, zum Beispiel für ihre Altersvorsorge. Über eine Zeitspanne von 30 Jahren kann schon ein kleiner Zinsunterschied darüber entscheiden, ob sie sich später auch mal was leisten oder nur den schlichten Alltag bezahlen können.

Gut zu wissen: Sogar mit kleinen Beiträgen hat man – mit einer ordentlichen Rendite – die Möglichkeit, über die Jahre ein kleines Sümmchen anzuhäufen. Rechnen Sie die Zinsen einfach mal durch.

→ Zinsrechner im Internet

Zinsrechnung haben Sie sicher in der Schule mal gelernt. Wer beim Dreisatz nicht mehr ganz trittsicher ist, kann auch einfach Internet-Rechentools benutzen: Finanztest bietet online einen Sparrechner an, mit dem Sie verschiedene Szenarien für Ihre Sparanlagen berechnen können: test.de/spar-rechner.

Klar möchte jeder Mensch, dass ihm seine Investition möglichst viel Rendite einfahren soll. Doch hohe Rendite heißt fast zwangsläufig auch hohes Risiko bei der Geldanlage. Laura und Jan müssen die Rendite immer im Zusammenhang mit der Sicherheit der Anlage betrachten. Oder anders gefragt: Welche Verluste wären sie im schlimmsten Fall bereit zu verkraften?

Festzinsprodukte wie Tagesgeldkonten und Sparbücher zählen zu den sichersten Anlageformen, weil das Kapital auf dem Sparkonto – zumindest nominell – nicht weniger wird. Anders sieht es zum Beispiel bei Aktien aus: Dort sind Verluste möglich, falls sich die Kurse an den Börsen negativ entwickeln und Anleger oder Anlegerinnen genau zu diesem Zeitpunkt ihre Papiere verkaufen müssen. Aber der Aktienmarkt ist volatil (= unbeständig, sprunghaft), kurzfristig hohe Gewinne sind ebenfalls möglich.

Aktien, sprich Wertpapiere, bringen zwar generell ein hohes Verlustrisiko mit sich. Die Gefahr sinkt aber durch eine sogenannte

Streuung dieser Papiere. Eine Geldanlage zum Beispiel mit Aktienfonds, die viele verschiedene Aktien zusammenfasst, verringert das Risiko von Verlusten gegenüber dem Kauf von Einzelaktien. Wer dann noch längerfristig investiert, senkt die Gefahr zusätzlich. Unter „Mieten – aber mit Sparplan für den Vermögensaufbau“ (ab Seite 86) finden Sie mehr zu diesem Thema.

Um für ihre Geldanlage die richtige Wahl zu treffen, kommt es auf das Sparziel an. Das Risiko eines Wertverlusts können sich Jan und Laura nicht leisten, wenn sie schon im nächsten Jahr wieder Geld benötigen sollten. Auch Geld für Notfälle sollte möglichst sicher liegen. Schließlich müssen Anlegerinnen und Anleger die Gewissheit haben, dass ihre Reserven im Ernstfall rasch verfügbar sind und nicht gerade mit 10 Prozent im Börsen-Minus dümpeln. Der Preis für die Sicherheit ist eine niedrige Rendite.

Bei manchen Sparzielen kommt es also vor allem auf die Liquidität oder Verfügbarkeit des Geldes an. Ist zum Beispiel das Auto kaputt, mit dem Laura und Jan zur Arbeit pendeln und ihre Einkäufe erledigen, können sie mit der Reparatur nicht warten, bis eine mögliche Kündigungsfrist des Sparkontos abgelaufen ist. Das bedeutet, dass die Ersparnisse schnell und einfach ohne Verluste in verfügbares Geld umgetauscht werden können. Die erwähnte Notfallreserve soll deshalb auf einem Konto liegen, von dem Abhebungen oder Überweisungen jederzeit möglich sind.

Manchmal konkurrieren auch bei Zinsanlagen Verfügbarkeit und Rendite. Zum Beispiel gibt es auf einem Festgeldkonto etwas höhere Zinsen als auf einem Tagesgeldkonto. Das Ersparte ist dort aber während der Laufzeit gebunden, während es auf einem Tagesgeldkonto jederzeit verfügbar bleibt. Aktienanlagen lassen sich theoretisch zwar jederzeit verkaufen. Sollte es in diesem Moment an der Börse aber schlecht laufen, ist das nicht ohne Verluste möglich. Deshalb empfehlen wir sie nur für die langfristige Geldanlage. Aktienfonds sind daher

---

ETF – Exchange Traded Funds. Bei den ETF handelt es sich um börsengehandelte Indexfonds. Sie sind eine spezielle Fondsart. Anlegerinnen und Anleger investieren mit Aktien-ETF auf einen Schlag in viele Unternehmen gleichzeitig. Beliebt sind ETF, weil sie in ihrer Entwicklung einem Index folgen, zum Beispiel dem Deutschen Aktienindex Dax oder dem weltweit streuenden MSCI World. Damit bilden sie ganze Märkte ab – im Falle MSCI World die Weltwirtschaft.

---

für diejenigen ein geeigneter Teil ihrer Altersvorsorge, die sich sicher sind, dass sie sich nicht fürs Eigenheim entscheiden (siehe dazu auch Seite 86).

Bausparvertrag abschließen

Laura und Jan haben gehört, dass Bausparen nach der langen Zinsflaute bei aktuell stark gestiegenen Kreditzinsen attraktiv sein kann. Sie entscheiden sich deshalb für einen Bausparvertrag, der sie ihrem Ziel in ein paar Jahren näherbringt. Sie möchten das nötige Eigenkapital ansparen und sich jetzt schon die niedrigen Zinsen für einen Teil ihrer Immobilienfinanzierung sichern.

Ein Bausparvertrag besteht aus zwei Phasen: Die erste ist die Ansparphase. Über einige Jahre, in der Regel fünf bis zehn, zahlen Bausparer in den Vertrag ein. Das Ziel ist, je nach Tarif 30 bis 50 Prozent der vereinbarten Bausparsumme anzusparen. Das eingezahlte Geld verzinst die Bausparkasse, der Ertrag ist aber nicht das Attraktive an dieser Sparform. In der Regel sind die Zinsen sogar niedriger als die Abschluss- und Jahresgebühren. Der Vorteil ist, dass die Zinsen für diesen Kredit, der erst in einigen Jahren abgerufen wird, schon bei Vertragsschluss feststehen. Sollten Kreditzinsen in der Zwischenzeit also steigen, haben sich Bausparer damit gute Konditionen gesichert. Selbst wenn das Zinsniveau in Zukunft stabil bleibt, kann sich der Bausparvertrag als Bestandteil einer Baufinanzierung lohnen. Denn Immobilienkäufer brauchen für den Rest des Hauspreises in der Regel einen weiteren Kredit von einer Bank. Wenn sie es aber schaffen, mit dem Bausparvertrag dessen Darlehenshöhe unter 80 oder sogar 60 Prozent des Kaufpreises zu drücken, erhalten sie fast immer bessere Konditionen für den Bankkredit. Und diese wenigen Prozentpunkte Unterschied beim Zins können bei den Gesamtkosten einen Vorteil von mehreren Tausend Euro ausmachen.

Sobald Laura und Jan das Mindestguthaben und eine ausreichend hohe Bewertungszahl erreicht haben, beginnt die zweite Phase, die Darlehensphase. Ab diesem Zeitpunkt können sie den Rest der Bausparsumme als Darlehen mit den festgelegt günstigen Konditionen abrufen.

“ Das Bauspardarlehen muss schneller getilgt werden als übliche Bankkredite.

Die Bausparsumme sollte nicht mehr als 20 bis 40 Prozent des Immobilienpreises betragen, denn das Bauspardarlehen muss schneller getilgt werden als übliche Bankkredite, das führt zu einer hohen Monatsrate. Dafür ist es häufig flexibler als die Konkurrenz. Bei Bausparkassen sind Sondertilgungen oder eine vorzeitige Rückzahlung kein Problem, während es bei anderen Immobilienkrediten sehr auf den jeweiligen Vertrag ankommt.

Unser Tipp

Frühstart bringt Vorteil: Bausparguthaben von Sparern und Sparerinnen, die bei Vertragsabschluss noch keine 25 Jahre alt waren, müssen nur in den ersten sieben Jahren für eine Immobilie genutzt werden. Nach der Sperrfrist können sie das Geld frei nutzen, ohne die staatliche Förderung zu verlieren.

Ein Bausparvertrag ist aber ziemlich komplex, sodass selbst Beraterinnen und Berater der Bausparkassen nicht immer durchblicken. Konkrete Vertragsangebote können Sie von unabhängiger Seite überprüfen lassen, zum Beispiel von den Verbraucherzentralen. Die stehen dem Modell eher skeptisch gegenüber, da während der Sparphase die Rendite aufgrund der Kosten meist negativ ist. Bis dahin steckt man also mehr Geld rein, als man später rausbekommt.

Ob sich im Nachhinein herausstellt, dass sich ein Bausparvertrag gelohnt hat, ist zwar nicht sicher. Eines bringt ein Bausparvertrag aber in jedem Fall: mehr Planungssicherheit. Denn ich sichere mir schon in der Ansparphase günstige Kreditzinsen für die Zukunft.

Wenn Bausparer und Bausparerinnen dazu eine Arbeitnehmersparzulage oder Wohnungsbauprämie erhalten, bessert das die Rendite auf.

Was bringt die Wohnungsbauprämie? Der Staat zahlt Singles bis zu 70 Euro im Jahr, sofern ihr zu versteuerndes Einkommen höchstens 35 000 Euro im Jahr beträgt. Verheiratete Paare erhalten bis zu 140 Euro bei einem zu versteuernden Einkommen bis zu 70 000 Euro.

Den Antrag auf die Förderung gibt es von der Bausparkasse. Voraussetzung für die Prämie ist, dass Bausparende das geförderte Guthaben aus dem Vertrag für wohnungswirtschaftliche Zwecke einsetzen, also den Bau, Kauf oder die Modernisierung einer Immobilie.

Laura und Jan möchten eine Bausparsumme von 80 000 Euro erreichen, auf die sie in zehn Jahren Zugriff haben. Sie entscheiden sich für einen Vertrag, in den sie selbst monatlich rund 300 Euro einzahlen.

Laura und Jan sollten ihren Anspruch auf die Wohnungsbauprämie prüfen (lassen). Den Antrag dafür stellen sie bei ihrer Bausparkasse – jedes Jahr aufs Neue müssen sie das Formular dafür ausfüllen. Der Staat zahlt die Prämie allerdings erst am Ende der Sparphase aus und nur dann, wenn das Guthaben tatsächlich für einen Immobilienkauf oder eine Renovierung eingesetzt wird und nicht für andere Dinge (siehe Kasten oben). Bis dahin vermerkt die Bausparkasse den Anspruch auf dem Kontoauszug.

Und Laura und Jan können ihren Bausparvertrag noch zusätzlich füttern: Sie haben bei ihren Arbeitgebern Anspruch auf vermögenswirksame Leistungen (VL) – die lassen sich auch in einen Bausparvertrag einzahlen.

Seit 2024 haben viel mehr Arbeitnehmer als bisher Anspruch auf die staatliche Arbeitnehmersparzulage, wenn sie vermögenswirksame Leistungen vom Arbeitgeber auf einen Bausparvertrag oder einen Fondssparplan überweisen lassen. Die Sparzulage gibt es für Alleinstehende bis zu einem zu versteuernden Jahreseinkommen von 40 000 Euro. Für Ehepaare gilt die Grenze von 80 000 Euro. Unverändert bleibt die Höhe der Förderung: Sie beträgt beim Bausparen 9 Prozent der Sparleistung und höchstens 43 Euro im Jahr.

Jan und Laura planen fest mit einem Kauf in ein paar Jahren. Sollten sich ihre Pläne wider Erwarten doch ändern, ist das Geld im Vertrag zumindest nicht verloren. Sie können das angesparte Guthaben natürlich abheben. Allerdings war der Bausparvertrag dann wegen der niedrigen Zinsen in der Ansparphase ein schlechter Deal. Auf die staatliche Wohnungsbauprämie müssten sie außerdem verzichten.

Ihr Bausparvertrag soll einen Grundstock an Eigenkapital für den Kauf einer Immobilie sein. Vielleicht können sie dafür in Zukunft einen Zuschuss der betagten Großeltern bekommen, die es gut finden, wenn die Enkel ins Eigenheim zögen.

Zusätzlich beginnen Laura und Jan mit einem Sparplan als Vermögensaufbau für ihre Altersvorsorge. So fahren sie im Moment noch zweigleisig, verfolgen das Ziel des Immobilienkaufs in der Zukunft und bilden gleichzeitig ein Vermögen, auf das sie in Notfällen kurzfristig zugreifen können. Sie gehen da erst einmal auf Nummer sicher und zahlen ihre zusätzlichen Beiträge regelmäßig auf ein Tagesgeldkonto ein. Wenn das angesparte Tagesgeld die schnell verfügbare Notfallreserve – zum Beispiel 5 000 Euro – übersteigt, können sie weitere Beträge auf ein Festgeldkonto mit etwas besseren Guthabenzinsen schieben, zum Beispiel für maximal zwei Jahre. Danach erneut je nach Bedarf und Marktsituation für weitere zwei Jahre und so fort – wenn die Zinsen stabil bleiben oder steigen. Finanztest checkt regelmäßig die besten Anbieter für Tagesgeld und Festgeld (mehr dazu unter test.de/tagesgeld und test.de/festgeld).

Julia und Amir im Reihenhaus

Julia (45) und Amir (47) sind seit 19 Jahren verheiratet und leben bisher mit den Kindern Julian (16) und Emilia (18) seit vielen Jahren mit einem günstigen Mietvertrag in einem komfortablen Reihenhaus in einer Kleinstadt, das aber bereits etwas in die Jahre gekommen ist. Julia wuchs an einer viel befahrenen Straße auf und ist froh, ihren Sprösslingen etwas Schöneres bieten zu können. Doch die Kinder beginnen nun langsam, ihre eigenen Wege zu gehen, und werden ihre Kinderzimmer in absehbarer Zeit nicht mehr brauchen.

Finanzielle Situation: Julia und Amir schätzen das Wohnen im Haus mit Garten und wollen in Zukunft noch etwas unabhängiger vom Vermieter sein. Sie wünschen sich für die Zukunft auch etwas Abstand von den Nachbarn und einen größeren Garten. Sie haben im Lauf der Jahre einiges Kapital angespart und können in den nächsten Jahren eine größere Schenkung von den Eltern erwarten. Der Traum vom eigenen Einfamilienhaus rückt für sie in greifbare Nähe, und sie schauen sich bei Gelegenheit in aller Ruhe nach passenden Angeboten um. Außerdem gefällt ihnen der Gedanke, im Rentenalter im eigenen Häuschen mit Garten zu leben, ohne monatlich Miete bezahlen zu müssen. Das und die geringeren Heizkosten in einem besser isolierten moderneren Haus sollen ihre monatlichen Lebenshaltungskosten mit Beginn der Rente reduzieren.

Oder sollen die beiden ihr angespartes Vermögen nicht besser als Basis für eine geplante zusätzliche Altersvorsorge nutzen? Bis zum regulären Beginn der Rente sind es ja noch etwa 20 Jahre. Und mit Einsatz des angesparten Vermögens könnten sie eventuell sogar ein paar Jahre vorher Schluss machen mit der bezahlten Arbeit und die finanzielle Lücke damit stopfen.

Kaufen? Die beiden denken bei ihrer Zukunftsplanung weit voraus: Zwar ist das gemietete Reihenhaus momentan vertraut und erfüllt die Ansprüche ans Eigenheim mit Garten, aber das Haus wird älter, die Reparaturen mit entsprechender Belästigung häufen sich, und die Heizkosten sind in den letzten Jahren kräftig gestiegen. Und ob die beiden in 20 oder 30 Jahren die Treppen in den Keller und in die beiden oberen Etagen immer noch so gut bewältigen wie heute, ist ungewiss. Da wäre ein ebenerdiges und barrierefreies Wohnen mit moderner Haustechnik schon deutlich einfacher und dann später auch länger der Verbleib in den eigenen vier Wänden möglich.

So peilen die beiden an, in einigen Jahren auf eigenem Grundstück einen Neubau zu finanzieren oder ein Bestandshaus jüngeren Baudatums zu kaufen, das die meisten Anforderungen bereits erfüllt.

“ In vielen Regionen sinken die Preise gerade für Bestandsimmobilien spürbar.

Julia und Amir beobachten den turbulenten Immobilienmarkt genau. Die Zinsen für Immobilienkredite haben sich nach dem rasanten Anstieg ab 2022 seit Ende 2023 auf einem Niveau um die 4 Prozent eingependelt. Und: In vielen Regionen sinken die Preise gerade für Bestandsimmobilien spürbar. Das spricht durchaus dafür, dass man als Kaufinteressent jetzt den Markt sorgfältig sondiert und ohne eigenen zeitlichen Druck ein Schnäppchen findet, das sich mit einer moderaten Modernisierung in das er-

Neue Visionen
Die Kinder sind außer Haus, und Wohnträume nehmen konkret Formen an: Kann man sich nach all den Mietjahren doch „was Eigenes" leisten? Warum nicht. So sind etwa Bestandsimmobilien mittlerweile wieder bezahlbarer geworden.

sehnte Eigenheim verwandeln lässt – zu Preisen deutlich unter einem Neubau. Der Vorteil bei Preisverhandlungen: Die Konkurrenz bei Käufern und Bauherren ist geringer geworden.

Oder mieten? Weniger Neubau im Wohnungsmarkt heißt auch, dass sich die Nachfrage nach Mietwohnungen und -häusern in Zukunft weiter verschärfen wird. Experten prognostizieren im Frühjahr 2023, dass die Mieten in begehrten Lagen in den nächsten Jahren rasant steigen dürften, auf jeden Fall aber stärker als die realistisch zu erwartenden Lohnsteigerungen. Sollte sich die aktuelle Entwicklung fortsetzen, werde die Zahl der Haushalte, die 40 Prozent oder mehr ihres Einkommens für die Miete ausgeben müssen, in den nächsten Jahren drastisch auf über fünf Millionen Haushalte steigen, so der Deutsche Mieterbund in einem Statement vom Mai 2023.

Da Julia und Amir mit dem Eigenheim liebäugeln, wollen sie sich ein paar Jahre entspannt umsehen, ob sie etwas Passendes zu einem annehmbaren Preis finden. Sie sind ja in einer guten Verhandlungsposition und wollen das auch nutzen. Denn sie können mit ihrem alten Mietvertrag noch eine ganze Weile problemlos im jetzigen Reihenhaus bleiben und dabei jeden Monat Geld ansparen.

Falls sich nichts Passendes auftut und sie sich doch dafür entscheiden, weiter zur Miete zu wohnen, können sie einen Teil ihres Ersparten in einen Fondssparplan investieren und das Finanztest-Pantoffel-Portfolio aufbauen. Das angesparte Vermögen kann ihnen in den nächsten Jahren auch helfen, vorzeitig in Rente zu gehen und die dabei entstehende finanzielle Lücke komfortabel aufzufüllen. Mit Beginn der Rente können sie einen ETF-Auszahlplan starten, der ihnen zusätzlichen finanziellen Spielraum eröffnet. Weitere Informationen dazu unter test.de/entnahmerechner und ab Seite 86 („Pantoffel-Portfolio“).

Best Ager
Wer gut überlegt, investiert besser: Passt mein Zuhause zu meinen jetzigen und auch künftigen Bedürfnissen? Wie kann ich so lange wie möglich eigenständig und gut versorgt wohnen?

Thomas und Sabine in der Stadtwohnung

Thomas (57) hat nach seinem Studium immer Vollzeit gearbeitet und über die lange Zeit viele Rentenpunkte angesammelt. Zusätzlich bekommt er von seinem Arbeitgeber eine attraktive Betriebsrente, sodass das monatliche Einkommen – zusammen mit Sabines (59) Rentenansprüchen – auch in Zukunft für ein finanziell sorgenfreies Leben reicht. Sabine hat nach der Geburt der zwei Kinder einige Jahre pausiert und dann in Teilzeit gearbeitet.

Sie haben immer zentral in einer großen Mietwohnung in einer Großstadt gewohnt. Inzwischen sind die Kinder Sven und Anja erwachsen und gehen ihrer eigenen Wege. Das Paar will jetzt raus aus dem als zunehmend stressig empfundenen Zentrum und lieber an den ruhigeren Stadtrand, mit kurzen Wegen in die Natur, ziehen.

Dank Homeoffice-Tagen fallen die längeren Wege zum Arbeitsplatz nicht mehr so stark ins Gewicht, zumal ja nicht mehr viele Berufsjahre vor ihnen liegen. Ein Haus mit Garten wünschen sich beide. Sie überlegen nun, ob sie ein Häuschen mieten oder kaufen sollen. Dann könnten sie sich einen Hund zulegen, für den die Mietwohnung in der vierten Etage ohne Aufzug nicht geeignet gewesen wäre. Manchmal denkt Thomas auch etwas wehmütig an seine Oma. Als er acht Jahre alt war, hatte sie einen Schlaganfall und konnte nicht mehr gut laufen. Auch deshalb möchte er frühzeitig in ein altersgerechtes Zuhause umziehen.

Selber mehr gestalten zu können ist ihnen für das nächste Zuhause daher sehr wichtig. Und die Überlegung, für die Zukunft schon altersgerecht zu bauen oder umzubauen, spricht eher für Kaufen, insbesondere da altersgerechte Wohnungen und Häuser heute noch Mangelware sind. Aber wie sieht es mit der Finanzierung durch einen Kredit aus? In der Vergangenheit war in solchen Diskussionen oftmals zu hören, dass man mit deutlich über 50 Jahren kaum mehr einen Kredit bewilligt bekommt. Viel Zeit bleibt den Kreditnehmern ja nicht mehr, um das Darlehen bis zum Eintritt der

Rente zurückzuzahlen, was ja in der Regel das erklärte Ziel einer Immobilienfinanzierung ist. Aber muss das so sein?

Kaufen? Nach Untersuchungen von Finanztest war 2020 rund jeder vierte Erstkäufer einer Immobilie älter als 55 Jahre. Warum auch nicht? Oft stehen in diesem Alter für die Finanzierung ein gutes Einkommen und ausreichend Ersparnisse zu Verfügung. Wir haben 2020 Angebote für Annuitätendarlehen zur Finanzierung einer 250 000 Euro teuren Eigentumswohnung von 73 Banken, Kreditvermittlern, Bausparkassen und Versicherungen für drei Modellfälle (Volltilgung, 20 Jahre Zinsbindung, Ratenwechsel-Option) eingeholt. Beim Modellfall Volltilgung gab es die zwei Laufzeitvarianten sieben und zehn Jahre. Unser angenommener Kreditnehmer war 59 Jahre alt und plante seinen Renteneintritt mit 66 Jahren. Es zeigte sich: Das Alter allein war kein Hinderungsgrund für eine Kreditvergabe. Keines der 73 befragten Kreditinstitute verlangte, dass ein Darlehen bei Renteneintritt komplett getilgt sein muss, und nur eine Bank nannte ein generelles Höchstalter bei Kreditaufnahme. Viele Banken waren also offen für ältere Immobilienkäufer. Aber es gab schon in der Niedrigzinsphase Anfang 2020 große Zinsunterschiede bei den Angeboten.

Mieten? Sollten Thomas und Sabine ein verlockendes Häuschen zur Miete entdecken und sich dann doch dafür entscheiden, bliebe ihnen genau wie den jüngeren Paaren die Möglichkeit, einen Teil ihres angesparten Vermögens in einen Aktienfondssparplan zu investieren und ein Pantoffel-Portfolio aufzubauen. Allerdings sollte der Aktienanteil nicht so groß ausfallen wie bei den jüngeren Paaren, weil ihr Anlagehorizont kleiner ist. Mit Beginn der Rente können auch sie einen Auszahlplan starten, der ihnen zusätzlichen finanziellen Spielraum eröffnet. Mehr dazu auf Seite 86 und unter test.de/entnahmerechner.

Zu alt für einen Kredit? Einen Kredit für ein Haus zu bekommen ist auch kurz vor der Rente möglich. Entscheidend ist der Nachweis, dass Kreditnehmende mit ihrer Rente die Finanzierung stemmen können. Die Unsicherheit, ob man zu Lebzeiten den Kredit abbezahlen könne, ist kein Hindernis, der Wert der Immobilie bietet der Bank ausreichend Sicherheit. Wichtig ist aber, dass sich bei Bedarf die Tilgungsrate ändern lässt. Diese Option gibt es oft sogar kostenlos. Man ist dann bei sinkendem Einkommen flexibel.

Haus oder Wohnung: Welcher Typ sind Sie?

Bevor Sie sich in der Frage Mieten oder Kaufen entscheiden, überlegen Sie gründlich, ob Sie künftig lieber in einer Wohnung oder in einem Haus mit Garten leben wollen.

Ob Wohnung oder Haus – mit all seinen Spielarten wie Einfamilienhaus, Reihenhaus, Doppelhaushälfte samt Garten: Beides kann man mieten oder kaufen – und eine Wohnung in zentraler Lage ist von den monatlichen Kosten her nicht zwangsläufig billiger als ein Haus am Stadtrand.

Für den Vergleich gehen wir in diesem Abschnitt in erster Linie von der durchschnittlichen Wohnung in einem Mehrfamilienhaus mit Balkon oder Terrasse aus. Über und unter der eigenen Wohnung befinden sich weitere Wohnungen. Einzelne Argumente wie der fehlende Garten gelten zum Beispiel nicht für Wohnungen im Erdgeschoss mit einem Gartenanteil zur privaten Nutzung. Allerdings sind auch hier die Gestaltungsfreiheiten noch deutlich geringer als beim eigenen Garten. Und Sie werden in einem gemieteten Garten wohl auch nicht so leicht größere Investitionen tätigen, wenn Sie befürchten müssen, dass Ihnen der Vertrag jederzeit gekündigt werden kann.

Auf der anderen Seite gehen wir vom idealtypischen, frei stehenden Einfamilienhaus mit Garten aus. Einzelne Argumente wie die Ruhe ohne Lärmbelästigung durch die Nachbarn gelten bei Doppelhaushälften oder im Reihenhaus weniger. Dennoch sind auch im Reihenhaus die Nachbarn normalerweise deutlich seltener zu hören als in einer Etagenwohnung.

Vorteile einer Wohnung

Zumindest in größeren Städten finden sich Wohnungen in der Regel in zentralerer Lage, Einfamilienhäuser eher am Stadtrand. Wohnungen bieten oft eine bessere Anbindung an den öffentlichen Nahverkehr, Kultureinrichtungen, fußläufige Einkaufsmöglichkeiten. Größere Kinder können im Stadtzentrum schneller selbstständig zum Sport oder zum Musikunterricht gehen, statt mit „Elterntaxi" chauffiert zu werden.

- Ein Balkon oder eine Terrasse ist leichter zu pflegen als ein großer Garten: weniger arbeiten, mehr entspannen.
- Rasenmäher, elektrische Heckenschere, Gartenwerkzeuge usw. brauchen Sie hier nicht, der Kostenfaktor Garten entfällt weitgehend.

Wohnungen
Ob modern oder Altbau, ob Miete oder Eigentum: Wohnungen liegen meist zentraler und machen den Alltag bequemer.

- Grundsätzlich sind bei Eigentumswohnungen die Kosten für Bewirtschaftung und Instandhaltung durch die Aufteilung der Belastungen für das Gemeinschaftseigentum geringer als im vergleichbaren Eigenheim. Das Dach zum Beispiel deckt alle Wohnungen ab. Bei Schäden werden die Kosten für eine Neueindeckung auf alle Miteigentümer aufgeteilt. Im eigenen Haus kann eine neue Dacheindeckung oder eine neue Heizungsanlage zur echten finanziellen Belastung werden.
- Die Heizkosten sind bei vergleichbarem Baustandard grundsätzlich geringer als im Haus, weil die Wände, Decken und Böden zum großen Anteil an geheizte Räume der Nachbarn oder das Treppenhaus grenzen, nur ein geringer Anteil an Außenwänden ist direkt der kalten Umgebung ausgesetzt.
- Insgesamt ist eine Wohnung meist ökologischer, nicht nur wegen eines geringeren Energieverbrauchs für die Heizung, sondern auch, weil es oft leichter ist, auf ein eigenes Auto zu verzichten, Voraussetzung: Die Wohnung ist gut an den öffentlichen Nahverkehr angebunden, Carsharing in der Nähe verfügbar. Oft sind die Wege kürzer als in Außenbezirken: Arbeit, Einkauf, Arztpraxen, Kinderbetreuung, Schule, Sport lassen sich gut mit dem Fahrrad erreichen.
- Kürzere Wege bringen eine große Zeitersparnis, insbesondere ein kurzer Arbeitsweg erspart Ihnen je nach Wohnlage viele nervige Stunden im Stau.
- Sie müssen sich um einiges weniger kümmern – auch das spart Zeit: Der Außenbereich und Gemeinschaftsflächen werden professionell bewirtschaftet, Sie müssen nicht alles selbst pflegen.
- Eine gute professionelle Wohnungsverwaltung nimmt Ihnen bei Eigentumswohnungen einen Großteil der laufenden Bewirtschaftungsaufgaben ab. Das

kostet zwar etwas Geld, wird aber auf alle Wohnungen der Wohnungseigentumsanlage aufgeteilt.

- Gibt es einen Aufzug, müssen Sie keine Treppen steigen. Im Einfamilienhaus hingegen führen meist Treppen in den ersten Stock und/oder in den Keller. Das kann mit zunehmendem Alter beschwerlich und zum Problem werden.

Vorteile eines Hauses

Beim Bau eines Eigenheims kann ich meine Vorstellung vom Leben und Wohnen am freiesten selber bestimmen beziehungsweise umsetzen. Bei einer Wohnung – selbst wenn sie noch in der Planungsphase eines Bauträgers ist – sind die Möglichkeiten einer individueller Gestaltung stark eingeschränkt. Man muss bis auf Details der Inneneinrichtung alles so nehmen, wie es vorgegeben ist.

- Den Pkw kann man in der Regel direkt vor dem Einfamilienhaus oder auf eigenem Stellplatz parken. Es ist leichter, eine eigene Ladestation für ein E-Auto zu installieren. Bei Mehrfamilienhäusern parkt man am Straßenrand, in der Garage abseits des Hauses oder in der Tiefgarage, wenn es eine gibt.
- Im Einfamilienhaus ist es grundsätzlich ruhiger, Lärmbelästigungen durch angrenzende Nachbarn wie Trittschall, laute Musik etc. sind meist nicht zu erwarten. Nur der Rasenmäher oder Laubbläser der Nachbarn kann mal nerven.
- Im Haus können Sie mehr Lärm machen, zum Beispiel auf einem Musikinstrument üben, ohne Nachbarn zu belästigen. Etwas eingeschränkt ist das in der Doppelhaushälfte und im Reihenhaus, wo es aber nur einen oder zwei angrenzende Nachbarn gibt, deren Baukörper in der Regel akustisch besser abgetrennt sind als in Etagenwohnungen.
- Haustiere zu halten ist in der Regel kein Problem – im Unterschied zur Wohnung, wo es oft eine Hausordnung oder Verbote des Vermieters zu berücksichtigen gibt.
- Kinder können im Garten meist ungefährdet spielen. Erwachsene entspannen im selbst gestalteten Grün.
- Ein Garten ist im Wechsel der Jahreszeiten ein Erlebnis- und Entdeckungsbereich vor allem für Kinder, gerade wenn man eigenes Obst und Gemüse anbaut.
- Im eigenen Haus haben Sie Freiheit in der Gestaltung aller Gebäudebestandteile von Dach bis Keller, innen und außen (mit Ausnahme von Vorschriften der Gemeinde für den Außenbereich). Sie können alles selber sofort entscheiden und müssen nicht in der Eigentümergemeinschaft einen Beschluss oder die Zustimmung der Mehrheit einholen.
- Im eigenen Haus entscheiden Sie selbst, wie gut gepflegt das Gebäude und die Außenanlagen wirken. Leben Sie in einer Eigentumswohnung, wird der allgemeine Zustand des Gebäudes von der

Im Grünen
Wer ein Häuschen sein Eigen nennt, genießt viel Freiraum und kümmert sich auch gerne um Garten und Co.

Gemeinschaft aller Eigentümer bestimmt, die vielleicht andere Ansprüche an Pflege, Instandhaltung und optischen Eindruck des Gemeinschaftseigentums hat.

- In der Regel haben Sie im Haus mehr Stauraum: größerer Keller und/oder Platz auf dem Dachboden. Im Keller kann man auch unabhängig vom Wetter ein Fahrrad reparieren, Möbelstücke aufarbeiten oder andere handwerkliche Tätigkeiten ausführen, ohne den Wohnbereich dadurch einzuschränken.
- Ein Haus lässt sich, wenn es Ihr Eigentum ist, leichter erweitern oder aufstocken als eine (Eigentums-)Wohnung.

Immobilienerbe – was tun?

Wenn Sie ein Haus oder eine Eigentumswohnung erben sollten (siehe auch Seite 118), taucht früher oder später wahrscheinlich die Überlegung auf, ob Sie nicht – nach einer Renovierung – selbst dort einziehen wollen. Lassen Sie sich aber alles gut durch den Kopf gehen. Liegt das Haus oder die Wohnung in einer Gegend, die Sie sich selber auch aussuchen würden? Ist die Immobilie schuldenfrei, oder kommen damit noch monatliche Ratenzahlungen für einen laufenden Kredit auf Sie zu? Entspricht der Wohnraum Ihren Wünschen und Vorstellungen? Wie groß ist der Sanierungsbedarf – insbesondere bei einem Einfamilienhaus? Auch wenn Sie Haus (und Garten) als Erbe geschenkt bekommen, können je nach Alter und Zustand Sanierungskosten im fünfstelligen Bereich auf Sie zukommen.

Wir haben auf den letzten Seiten versucht herauszufinden, ob Sie eher der „Einfamilienhaus im Garten"-Typ oder mehr der „Eine Wohnung ist genau richtig"-Typ sind. So verlockend eine geerbte Immobilie sein kann: Prüfen Sie in aller Ruhe, ob das für Sie und Ihre Partnerin, Ihren Partner oder die Familie das Richtige ist, ob Sie alle darin für viele Jahre zufrieden leben können.

Was kann ich mir wirklich leisten?

Wissen Sie, wie viel Sie im Monat fürs Wohnen bezahlen? Können Sie regelmäßig Geld abzweigen, um eine Immobilie zu finanzieren oder einen Sparplan für die Altersvorsorge aufzustellen? Ein Kassensturz verschafft Klarheit!

Um zu überblicken, wie Sie finanziell aufgestellt sind, brauchen Sie einen Kassensturz. Am besten gelingt das, indem Sie sämtliche monatlichen Einnahmen und Ausgaben für ein Jahr auflisten. Die meisten größeren und auch regelmäßig seltener anfallenden Ausgaben lassen sich anhand der Kontobewegungen des letzten Jahres erfassen. Im Juli wird zum Beispiel der Sommerurlaub finanziert, im November oder im Dezember gehen die Kosten für Weihnachtsgeschenke vom Konto ab. Dafür gibt es im November vielleicht ein (anteiliges) 13. Monatsgehalt als Weihnachtsgeld. Dieses sollten Sie allerdings nur dann einplanen, wenn es vertraglich vereinbart und nicht nur eine freiwillige Zusatzleistung des Arbeitgebers ist.

Eine solche Haushaltsübersicht schafft die Ausgangsbasis, damit Sie ganz realistisch wissen, wie viel Sie monatlich in die Finanzierung einer Immobilie oder eines Altersvorsorgeplans stecken können und an welchen Stellschrauben Sie eventuell drehen könnten, um Ihre Ausgaben sinnvoll zu reduzieren. Worauf können oder wollen Sie für eine Baufinanzierung oder die Vermögensbildung verzichten? Danach ergibt sich auch, wie Sie die Obergrenze für monatliche Ratenzahlungen bestimmen, die Sie in Zukunft aller Voraussicht nach stemmen können.

Vermutlich lassen sich Ihre Etats und Ihre Haushaltsplanung für die nächsten Jahre recht zuverlässig kalkulieren.

Doch wie schaut es mit verschiedenen Geldanlagemöglichkeiten aus? Wie werden diese sich langfristig entwickeln? Dazu müssen Sie stets einige Annahmen durchdenken: Wie verändern sich künftig die Immobilienpreise, die Kreditkonditionen, die Mieten, die Lebenshaltungskosten – Stichwort Inflation – und Ihre persönlichen Lebensverhältnisse? Wie wird Ihre berufliche Entwicklung verlaufen, wie die Familie wachsen? Je weiter voraus Sie Ihren Planungshorizont ausdehnen, desto unsicherer und spekulativer wird das natürlich. Es ist also sinnvoll, persönliche Ziele zu formulieren und einen konkreten Plan zu entwickeln, wie man diese mit hoher Wahrscheinlichkeit erreichen kann.

Das Budget für Wohnkosten kalkulieren

Ein Haushaltsbuch hilft, sich einen Überblick über Einnahmen und Ausgaben zu verschaffen und Sparpotenziale aufzuspüren.

Gleich vorweg: Ein Haushaltsbuch zu führen bedeutet heutzutage nicht mehr, Zahlen in ein abgegriffenes Heftchen mit karierten Seiten einzutragen. Die Buchführung ist auch mit Tabellenkalkulationsprogrammen möglich. Für alle, die mit dem Smartphone gut vertraut sind, kann eine App die richtige Wahl sein. Ein Haushaltsheft auf Papier eignet sich dennoch, und zwar für diejenigen, die sich ungern mit Technik beschäftigen. Wir gehen später noch ausführlicher auf die verschiedenen Methoden ein.

Aber egal, für welche Variante Sie sich letztlich entscheiden: Ein (digitales) Haushaltsbuch zu führen kostet zwar Zeit und Disziplin, doch das schärft den Blick fürs eigene Konsumverhalten. Ein Tipp: Überlegen Sie, wann Sie sich täglich 10 bis 15 Minuten dieser Aufgabe widmen können. Machen Sie auch einen Plan B, wann und wie Sie eventuell Einträge nachholen.

Was kommt regelmäßig rein?

Der Begriff Einnahmen umfasst ein breites Feld. Dabei geht es nicht nur um die steuerrechtlich definierten sieben Einkunftsarten (siehe Kasten rechts), sondern um sämtliche Einnahmequellen.

So sind im Haushaltsbuch bei den Einnahmen alle Beiträge aus dem Nettomonatsgehalt von abhängig Beschäftigten (Angestellte, Beamte) zu erfassen. Vergessen Sie dabei nicht ein zusätzliches Gehalt als Weihnachts- oder Urlaubsgeld, das einmal jährlich ausbezahlt wird. Wenn Sie diese bei Ihren Einnahmen erfassen wollen, sollten Sie die Kosten für Urlaube und Weihnachten auch bei den Ausgaben berücksichtigen. Prämien oder Bonuszahlungen sollten Sie nicht aufnehmen, da diese erfolgsabhängig sind und daher nicht zuverlässig anfallen werden.

Hinzu kommen Nettoeinkünfte aus zum Beispiel einer Tätigkeit als Freiberufler oder Unternehmerin. Diese sind natürlich schwerer festzulegen. Wenn Sie über längere Erfahrungswerte verfügen, können Sie das langjährige mittlere Monatseinkommen nach Steuern ansetzen.

Das Kindergeld kann als Einnahme verbucht werden. Kinder verursachen auf der anderen Seite auch Ausgaben, die nicht vergessen werden dürfen. Mehr dazu später.

HÄTTEN SIE'S GEWUSST?

Das Einkommenssteuergesetz nennt **sieben** Einkunftsarten, sie werden im Gesetzbuch in folgender Reihenfolge genannt:

Einkünfte aus: Land-/Forstwirtschaft, Gewerbebetrieb, selbstständiger Arbeit, nichtselbstständiger Arbeit, Kapitalvermögen, Vermietung und Verpachtung sowie aus sonstigen Einkünften.

Zu den sonstigen Einkünften zählen zum Beispiel Einkünfte aus wiederkehrenden Bezügen, so auch die gesetzliche Altersrente, andere Renten, Unterhaltsleistungen und Privatverkäufe ab einer bestimmten jährlichen Summe.

Quelle: EStG § 2 Absatz 1 sowie § 22 und § 23

Gibt es sonstige regelmäßige und sichere monatliche Einnahmen, zum Beispiel aus der Vermietung einer Immobilie oder Auszahlungen aus festverzinslichen Wertpapieren? Dividenden aus Aktien sollten eher außen vor bleiben, da man nicht zuverlässig damit rechnen kann.

Was geht regelmäßig raus?

Neben den monatlich anfallenden Kosten gibt es viele Ausgaben, die unregelmäßig nur wenige Male pro Jahr anfallen.

- **Wohnen:** Wie hoch sind die Beträge für Kaltmiete laut Mietvertrag, Abschlagszahlungen für Mietnebenkosten, Wasser, Heizung, Strom? Wenn Sie eine Immobilie kaufen und selber einziehen wollen, entfällt künftig die monatliche Kaltmiete. Diesen Betrag können Sie dann für die Finanzierung eines Eigenheims mit einrechnen. Die Wohnnebenkosten und Betriebskosten bleiben Ihnen auch als Eigentümer erhalten.
- **Kommunikation:** Was zahlen Sie monatlich für einen Festnetzanschluss und für Mobilfunkverträge?
- **Mobilität:** Wie hoch sind die regelmäßigen Kosten für Busse und Bahnen? Und was addiert sich zu den monatlichen Gesamtkosten für ein oder zwei private Autos? Bedenken Sie die Rechnungen der Tankstelle und/oder Ladesäule, Reparaturen, Versicherungen, Kfz-Steuern, Wartung und Inspektionen, Tüv und ASU.
- **Essen und Trinken:** Was geben Sie für Lebensmittel aus, auch in Kantinen und Restaurants?
- **Freizeit und Kultur:** Hier fallen Eintrittsgelder an, auch die Beiträge zu Sportvereinen, Fitnesscentern, Streaming-Diensten, Schrebergarten und mehr.
- **Gesundheit:** Bezahlen Sie regelmäßig Medikamente, benötigen Sie Kontaktlinsen und/oder Brillen, eine professionelle Zahnreinigung, kieferorthopädische Behandlungen, Physiotherapie oder sonstige Gesundheitsleistungen, die die Krankenkasse nicht oder nur teilweise erstattet?
- **Bekleidung:** Was wird durchschnittlich für Anziehsachen, Schuhe oder auch für Sportbekleidung ausgegeben?
- **Haushalt:** Dazu zählen zum Beispiel die Kosten für neue Möbel, Putzmittel und Reinigung, Gartengeräte wie Rasenmäher, Hochdruckreiniger, Motorsense und Bewässerungsanlagen.
- **Kinder:** Wie schaut es mit Kita, Kindergarten, privatem Musikunterricht, Sportverein, Nachhilfestunden, Taschengeldern und mehr aus?
- **Haustiere:** Allein mit dem Kauf ist es nicht getan. Auf Dauer fallen Kosten für Haltung, Ernährung und Tierarztkosten ins Gewicht.
- **Finanzen:** Zahlen Sie bestehende Kredite ab? Welche Versicherungen bedienen Sie? Leisten Sie Unterhaltszahlun-

gen? Zahlen Sie bereits in Fonds- oder ETF-Sparpläne Beträge ein?

- **Urlaube:** Was kalkulieren Sie für Ihre Ferienzeit im Laufe eines Jahres? Diese Ausgaben sind dann jeweils auf den Monat runterzurechnen und in das Haushaltsbuch einzutragen.

Einige dieser Ausgaben fallen wie gesagt nur quartalsweise oder einmal jährlich an. Hierzu zählen etwa Versicherungsbeiträge, Nebenkostenabrechnungen der Mietwohnung, Vereinsbeiträge, Steuervorauszahlungen, Abonnements und mehr. Da kann man leicht Kosten übersehen. Deshalb ist es sinnvoll, die Kontoauszüge des vergangenen Kalenderjahres oder, wenn Sie ganz sichergehen möchten, der vergangenen zwei bis drei Kalenderjahre nach solchen Ausgaben zu durchforsten. Sie können dann anhand der zurückliegenden zwei bis drei Jahre hochrechnen, was Sie jeweils pro Jahr ausgegeben haben. Die Beträge teilen Sie durch 12 und veranschlagen das Ergebnis als monatliche Beträge in Ihrer Übersicht.

Haushaltsbücher im Test

Wir haben 2020 verschiedene Hilfsmittel zur Erfassung all dieser Daten von altmodisch auf Papier bis ganz modern per App auf dem Smartphone getestet. Mittlerweile haben wir zudem acht weitere entsprechende Apps unter die Lupe genommen (Stand 11/2023). Den Test finden Sie unter test.de/haushaltsbuch (kostenpflichtig).

Unser Tipp

Eine gute Basis für den regelmäßigen Kassensturz bietet der großformatige Ratgeber „Das Spar-Set“. Eine übersichtliche Gliederung verschafft recht einfach einen Überblick über das eigene Budget und hilft, finanzielle Spielräume auszuloten. Tipps und Checklisten von Finanztest helfen dabei. Das Haushaltsbuch im Anhang lässt sich seitenweise heraustrennen oder als selbst rechnendes PDF herunterladen. Erhältlich unter test.de/shop.

Ohne jedes Produkt im Einzelnen zu bewerten, geben wir hier die Erfahrungen der Testerinnen und Tester mit den verschiedenen Formen der Erfassung und Auswertung wieder. Egal, für welche Form Sie sich dann entscheiden: Bevor es losgeht, ist immer etwas Vorbereitung nötig.

Klassisch: Das Haushaltsbuch

Am schnellsten geht es bei der klassischen Variante: Sie benötigen lediglich ein großes Heft oder Notizbuch, ein Lineal und einen Stift – und Sie müssen überlegen, welche Kategorien zu Ihnen passen. Wir haben bereits zahlreiche Beispiele aufgeführt.

Familien sollten die Kategorien für ihre Ausgaben anders gestalten als Singles. Ein

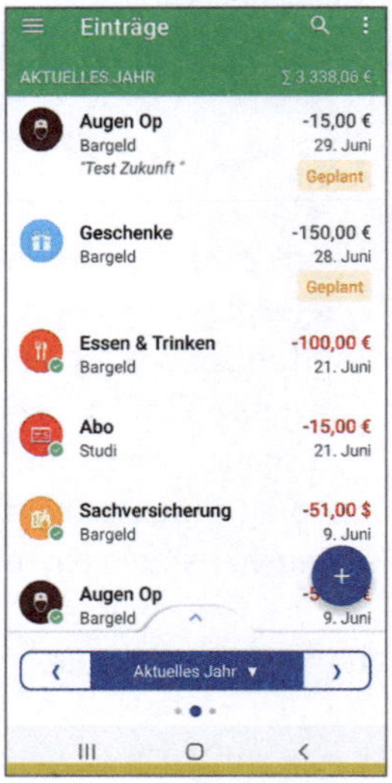

Modern Apps helfen schnell und einfach, das Budget in den Griff zu bekommen und „dranzubleiben".

Beispiel: Alleinstehende, die oft ausgehen, sollten diesen Bereich genau aufschlüsseln – etwa in Kino, Klub oder Restaurant/Bar. Bei Familien ist das meist nicht nötig. Ist klar, wie das Buch sinnvoll geführt werden soll, kann die Privatbuchhaltung starten.

Excel, Numbers & Co: Tabellenkalkulation selbst einrichten

Ein bisschen mehr Zeitaufwand und Hintergrundwissen sind nötig, wenn ein Haushaltsbuch mit einem Tabellenkalkulationsprogramm angelegt wird – etwa mit Excel von Microsoft, Numbers von Apple oder mit dem kostenlosen Tabellenprogramm Calc von Libre Office. Nutzer müssen zumindest die Basisfunktionen der Programme kennen, um beispielsweise einzelne Felder mit der Additions- und Subtraktionsformel zu belegen. Vorteilhaft ist, dass man bei Excel sein Haushaltsbuch ganz individuell selbst gestalten kann. Man kann sich Excel-Tabellen auch aufs Smartphone laden und teilweise unterwegs Einträge machen.

Ob Sie mit einer der zahlreichen gratis angebotenen Vorlagen aus dem Internet klarkommen, müssten Sie ausprobieren. Manche sind aber schreibgeschützt, sodass Sie zum Beispiel die Kategorien nicht selber verändern können. Achten Sie also darauf, ob Sie mit einer Vorlage selber gut zurechtkommen. Es wäre schade, wenn Sie nach einigen Tagen oder Wochen feststellen müssen, dass die genutzte Vorlage für Ihre Zwecke nicht geeignet ist. Manche Anbieter lassen auch zu, dass Sie die Vorlagen für Ihre Zwecke individuell anpassen. Nicht immer ist das so einfach möglich, ohne Fehler in die Berechnungsstruktur hinter den Zellen einzuschleusen.

Apps: Buch führen per Smartphone

Auch die private Buchführung mittels App bietet den Vorteil, jederzeit Einträge machen zu können. Wir haben uns die Apps Finanzguru – Konten & Verträge, Wallet – Finanztraker, Finanzblick Online-Banking, Outbank – Banking & Finanzen, Haushaltsbuch: Money Manager, Monefy Finanzplaner App, Haushaltsbuch, Budget & Finanzen und Home Budget Manager genauer angeschaut, die diese Aufgaben übernehmen und das Führen eines Haushaltsbuchs einfach machen sollen (Stand 18. Oktober 2023). Die Apps Finanzguru – Konten & Verträge und Wallet – Finanztraker erhielten das Gesamturteil „Gut".

Fixe Ausgaben für das Jahr 2024

Art der Ausgabe	Januar	Februar	März	April	Mai	Juni	Juli
Miete/NK	1300	1300	1300	1300	1300	1300	1300
Strom/Gas	140	140	140	140	140	140	140
Festnetz/Internet	50	50	50	50	50	50	50
Handy-Verträge	80	80	80	80	80	80	80
Streaming-Dienste	40	40	40	40	40	40	40
Pay-TV	40	40	40	40	40	40	
Rundfunkbeitrag	18	18	18	18	18	18	
Monatskarte	70	70	70	70	70	70	
Kfz-Steuer							
Kfz-Versicherung	560						
Privat-Haftpfl.	145						
Hausratvers.							
Fitnessstudio	80	80	80	80	80	80	80

Klassisch Haushaltsbücher kann man handschriftlich und in zusätzlich erweiterten Anordnungen führen, etwa über die Monate.

Vollversionen kosten oft Geld. Die Preise für die Apps variieren stark. Manchmal gibt es zusätzlich kostenlose „Lite-Versionen", die dann aber in der Regel durch Werbeeinblendungen finanziert werden.

Wer eine Haushaltsbuch-App wählt, sollte wissen, dass einige Apps Informationen an die Betreiber senden, wenn auch wohl keine Daten zu Ausgaben und Einnahmen, so jedenfalls bei den 13 von uns untersuchten Apps für Android und iPhone.

Lediglich das Einrichten und die Synchronisation mit den eigenen Bankkonten kosten anfangs Zeit. Nutzerinnen und Nutzer finden dann aber gut, dass sie mit dem Smartphone ihr Haushaltsbuch stets griffbereit haben und sich die Einträge meist ruckzuck erledigen lassen.

Wer das Hantieren am Smartphone gewöhnt ist, dem sagen in der Regel die einfache Bedienung, die übersichtliche grafische Darstellung mit Diagrammen zu, und dass man zusätzlich zu den vorgegebenen Kategorien auch eigene Kategorien erstellen kann. Was bei der Auswahl zu beachten ist: Die Aufmachung einiger Anbieter richtet sich bewusst an junge Leute. So sind die Kategorien, in die die Ein- und Ausgaben eingetragen werden sollen, oft vorgegeben. Zur Auswahl stehen dann etwa Drinks, Beauty, Haustiere, Snacks, Geschenke, aber auch undefinierte Rubriken wie „Rechnungen". Für diejenigen, die am Jahresende wissen möchten, wo ihre Einkünfte geblieben sind, sind solche schwammigen Begriffe wenig hilfreich. Prüfen Sie, ob Sie das für den eigenen Bedarf anpassen können.

Software auf dem PC

Wer seine Finanzen bequem verwalten will, wird einen großen Bildschirm als hilfreich empfinden. Langjährig bewährte Programme wie der „Lexware Finanzmanager" (früher: Quicken) und „WISO Mein Geld" bieten am PC den nötigen Überblick. Kontoauszüge lassen sich von verschiedenen Banken abrufen, mit einem gewissen Automatismus sortieren, Budgetierungsfunktionen sind vorhanden, Überweisungen, auch wiederkehrende, sind schnell erledigt.

Ihr Budget festlegen

Nach einigen Monaten mit einem Haushaltsbuch sollten Sie schon einen guten Überblick haben, welchen Beitrag Sie jeden Monat sparen und in eine Immobilienfinanzierung oder einen Vermögenssparplan investieren können. Wenn Ihnen das noch zu wenig erscheint, können Sie anhand Ihrer fleißig gesammelten Daten prüfen, wo Sie möglicherweise etwas einsparen können und wie viel das jeweils monatlich ausmacht. Streichen Sie aber nicht zu konsequent alles raus, was Sie im Moment als Luxus betrachten würden. Sie wollen sich ja auch in Zukunft hin und wieder etwas gönnen und das Leben genießen, ohne jeden Euro einzeln umdrehen zu müssen.

Unser Tipp: Überprüfen Sie auch Ihre laufenden Versicherungsverträge: Sind die Versicherungsbedingungen noch aktuell? Gibt es die gleichen oder bessere Leistungen günstiger bei einem anderen Anbieter? Brauchen Sie bestimmte Versicherungen überhaupt noch oder können Sie die kündigen? (Mehr Infos, welche Versicherungen man sich sparen kann, gibt‘s unter test.de/versicherungscheck.)

Ihr monatliches Budget für Wohnkosten können Sie jetzt festlegen.

Bei Mietern gehören zu den Wohnkosten die Miete, auch von Garagen, inklusive der Nebenkosten. Bei Eigentümern beinhalten die Wohnkosten die Kreditraten sowie die Bewirtschaftungskosten inklusive Verwaltung und Instandhaltung der Immobilie.

Für die monatlichen Belastungen aus dem Immobilienkauf, also für die Kreditraten und die Bewirtschaftung, steht Ihnen als zukünftigem Eigentümer die bisherige

Dranbleiben ist alles. Rund zehn Minuten täglich brauchten unsere Testpersonen im Schnitt für ihre Haushaltsbücher. Alle haben neue Erkenntnisse über ihr Ausgabeverhalten gewonnen. Doch selbst wenn sich die Haushaltsbuchführung per App problemlos im Alltag integrieren lässt: Konsequent die eigenen Finanzen aufzuschlüsseln erfordert einige Disziplin. „Mehr Geld zur Verfügung habe ich noch nicht“, resümiert ein Tester seine Erfahrung mit einem Excel-Haushaltsbuch. „Aber ich habe ein neues Bewusstsein für meine Finanzen entwickelt und weiß jetzt, wo ich ansetzen kann, wenn ich sparen will.“ Ein Haushaltsbuch will er weiterführen.

Miete inklusive der Nebenkosten zur Verfügung. Außerdem können Sie den Überschuss der monatlichen Einnahmen über die Ausgaben dazurechnen. Diesen kennen Sie ja nun, wenn Sie ein Haushaltsbuch geführt haben. Bislang war er in der Regel auf Spar- beziehungsweise Anlagekonten geflossen.

Kauf: Eigenkapital ist Trumpf

Die monatliche Sparrate ist kalkuliert. Nun prüfen Sie, ob und wie viel Geld Sie für einen Immobilienkauf oder als Grundstock für den gezielten Vermögensaufbau bereits angespart haben.

Eigenes Erspartes und vielleicht Mittel von Eltern und Verwandten sollten mindestens die Kaufnebenkosten in Höhe von 10 bis 15 Prozent des Kaufpreises abdecken plus 10 bis 20 Prozent des Kaufpreises.

Beim Kauf einer Bestandsimmobilie sind sämtliche Renovierungs-, Umbau und Modernisierungskosten bei der Finanzplanung mit einzukalkulieren. Sie sollten auch prüfen, ob die Immobilie zunächst energetisch saniert werden muss. Auch die kalkulierten Sanierungskosten müssen Sie mit einbeziehen! Etwas geringer wird Ihr Finanzierungsbedarf, wenn Sie für eine energetische Sanierung öffentliche Förderungen in Anspruch nehmen – und ausschöpfen können. Die Erfahrung der jüngeren Vergangenheit zeigt allerdings, dass auf öffentliche Förderprogramme nicht immer Verlass ist: So sind die gedeckelten Budgets von Fördertöpfen manchmal schon vor Ablauf des Jahres leer geräumt. Man war dann nicht schnell genug. Andere Förderprogramme werden gekürzt oder gleich komplett gestrichen.

Ein fünf- oder gar sechsstelliger Betrag sollte aber immer zur Verfügung stehen. Nur bei dauerhaft sehr hohem Einkommen kann ein Kauf ohne Eigenkapital (eine 100-Prozent-Finanzierung) ausnahmsweise eine Option sein.

Was zählt als Eigenkapital?

Dazu gehören alle Finanzmittel, die Sie kurz- oder mittelfristig zur Auszahlung bringen können. Aber auch sehr langfristige Verträge, etwa Kapitallebensversicherungen oder Rentenversicherungen mit Kapitalwahlrecht, zählen zum Eigenkapital, wenn sie als Sicherheit an die Bank abgetreten werden.

Wir empfehlen generell, für plötzlich auftauchende Notsituationen einen finanziellen Puffer zu behalten, auf den Sie bei Bedarf schnell zugreifen können. Als Richtschnur haben sich drei Nettomonatseinkommen bewährt, die Sie als schnelle Geldreserve zum Beispiel auf einem Tagesgeldkonto (siehe Seite 57) anlegen können. Wenn das erledigt ist, geht es an die Aufstellung der verfügbaren Finanzmittel.

- **Bargeld und Mietkaution:** Bares kann dazu zählen, wenn Sie davon größere Beträge angespart haben. Wenn Sie aus der Mietwohnung ins Eigenheim umziehen, können Sie dazu auch die Rückerstattung der Mietkaution zählen, die Sie von Ihrem Vermieter nach der Übergabe zurückbekommen.
- **Giro-/Tagesgeldkonten:** Gelder, die Sie hier entbehren können, sind gute Eigenmittel.
- **Festgelder:** Bei Festgeldkonten (siehe Seite 57) müssen Sie prüfen, wie lange diese noch terminlich blockiert sind beziehungsweise wann Sie die flüssig machen können.
- **Wertpapiere:** Aktien oder Fonds können Sie verkaufen. Bitter ist nur, wenn die entsprechenden Börsenkurse gerade auf einem sehr ungünstigen Tiefststand sind. Überlegen Sie dann, ob Sie diese zu einem späteren Zeitpunkt nicht unter Umständen deutlich besser verkaufen können.
- **Lebensversicherung:** Auszahlungen aus einer Lebensversicherung können Sie verwenden. In den meisten Fällen ist es finanziell aber unattraktiv, solch einen Vertrag nach Ablauf weniger Jahre vorzeitig zu kündigen.
- **Bausparvertrag:** Vorteilhaft ist ein zuteilungsreifer Bausparvertrag.
- **Wertgegenstände:** Sammlerstücke und Wertgegenstände wie beispielsweise kostbare Münzen oder Gemälde

Eigenkapital ist nicht gleich Eigenkapital. Beachten Sie, dass es für die Anerkennung als Eigenkapital keine verbindlichen oder einheitlichen Regelungen gibt, sie unterscheiden sich von Bank zu Bank. Gehen Sie deshalb im Vorfeld eines Kreditvertrags mit dem Bankberater beziehungsweise Kreditvermittler Ihre Aufstellung durch und lassen sich schriftlich zusichern, in welcher Höhe Ihr Eigenkapital jeweils anerkannt wird.

begehrter Kunstschaffenden können Sie verkaufen.

- **Arbeitgeberkredit:** Manche Arbeitgeber gewähren Kredite zu günstigen Konditionen. Diese zählen bei den Banken auch als Eigenmittel.
- **Schenkungen und Erbe:** Schenkungen der Eltern oder eine vorgezogene Auszahlung auf den Erbteil können signifikante Beiträge leisten.
- **Baugrundstück:** Haben Sie bereits ein Baugrundstück, kann dessen Wert als Eigenkapital anerkannt werden.
- **Muskelhypothek:** Eigenleistungen bei Hausbau oder großen Sanierungen durch Sie selbst oder durch Freunde und Angehörige werden als Eigenkapital in der Regel anerkannt – allerdings nur in sehr begrenztem Umfang.
- **Immobilienbesitz:** Auch wenn Sie bereits über eine (vermietete) Immobilie verfügen, können Sie diese in die Neufinanzierung einbringen.

Kaum bekannt: Die sogenannten Grenzzinssätze

Je mehr Eigenkapital Sie einbringen, umso geringer muss der Kredit ausfallen. So weit banal und bekannt. Aber: Banken verlangen happige Zinsaufschläge, wenn der Kredit 80 Prozent des Immobilienwerts übersteigt. Wer bauen oder eine Immobilie kaufen will, sollte deshalb möglichst viel eigene Mittel mobilisieren. Oft reichen schon wenige Tausend Euro mehr Eigenkapital, um einen günstigeren Zinssatz zu bekommen und Zehntausende Euro Zinsen zu sparen.

Bei Hypothekendarlehen ist der Zinssatz, den der Kreditnehmer zum Beispiel auf die letzten 10 000 Euro seines Darlehens zahlt, oft viel höher als der Durchschnittszinssatz auf das gesamte Darlehen. Besonders teuer ist meist der Kreditanteil, der nicht nur 80, sondern sogar 90 Prozent des Immobilienwerts übersteigt. Die zusätzlichen Zinsen katapultieren den Effektivzins für diesen Kreditanteil auf bis zu 10 Prozent und mehr!

Oft reichen schon wenige Tausend Euro mehr Eigenkapital, um einen günstigeren Zinssatz zu bekommen und Zehntausende Euro Zinsen zu sparen.

Doch wie viel mehr Eigenkapital als zunächst geplant müssten Sie aufbringen, um einen besseren Zinssatz zu bekommen? Fragen Sie alle Banken und Vermittler, bei denen Sie Angebote einholen. Mithilfe unseres Grenzzinsrechners („Rechner Immobilienkredite“ unter test.de/thema/baufinanzierungsrechner/) können Sie dann den Grenzeffektivzins ermitteln, den Sie für den Kreditanteil zahlen müssen, der über der Grenze für das Darlehen mit dem günstigeren Zinssatz liegt. Je höher dieser Effektivzins, desto lohnender ist es, vorhandene Geldanlagen aufzulösen und als Eigenkapital für die Finanzierung zu nutzen.

Beispiel: Der Kauf einer 200 000 Euro teuren Immobilie soll mit einem Darlehen mit 15 Jahren Zinsbindung und 3 Prozent Tilgung finanziert werden. In einer ersten Rechnung kommt der Kreditnehmer auf einen Kreditbedarf von 180 000 Euro. Die Bank verlangt dafür einen Zinssatz von 4 Prozent. Bei einer Kreditsumme von 160 000 Euro würde der Zinssatz dagegen auf 3,5 Prozent sinken.

Unser Rechner zeigt: Der höhere Kreditanteil von 20 000 Euro kostet den Kunden einen stolzen Effektivzins von 8,59 Prozent und insgesamt rund 16 774 Euro mehr Zinsen. Er sollte deshalb unbedingt versuchen, die 20 000 Euro günstiger aufzubringen, etwa durch die Auflösung vorhandener Geldanlagen oder ein Arbeitgeber- oder Verwandtendarlehen.

„Elternförderung“ als Bonus

Wer das Glück hat, bei der Finanzierung einer eigenen Immobilie die Hilfe seiner Eltern zu bekommen, kann auf jeden Fall in Form einer Schenkung profitieren: Sie ist der direkteste Weg – das Geld können Sie dann als Eigenkapital in die Immobilienfinanzierung einbringen. Wenn Eltern ihrem eigenen Kind etwas schenken wollen, gibt es einiges zu beachten. So gibt es dafür steuerliche Freigrenzen, die zwischen Eltern und Kind bei 400 000 Euro liegen.

Wenn Eltern ihren Kindern das Geld lieber leihen – mit oder ohne Zinsen –, können sie einen Kreditvertrag aufsetzen. Aber Vorsicht: Selbst ein zinsloses Familiendarlehen kann von der Bank als zusätzliche Kreditschuld bewertet werden, was dann den Zinssatz der Baufinanzierung verschlechtern kann. Trotzdem sollten Sie der Bank den Kreditvertrag auf keinen Fall verschweigen. Kommt heraus, dass Sie einen Kredit verschwiegen haben, kann das zur fristlosen Kreditkündigung führen (ebenso wie das Fingieren eines zu hohen Einkommen)s.

Darüber hinaus gibt es eine Reihe weiterer Optionen, wie Eltern ihre Kinder beim Hauskauf unterstützen können. Wir schauen uns im Folgenden die Vor- und die Nachteile kurz an,

Mietkauf von den Eltern

Haben Sie noch gar kein Eigenkapital angespart, kommt das Modell „Mietkauf“ mit den Eltern in Betracht. Die Eltern finanzieren die Immobilie auf eigene Rechnung und vermieten anschließend die Wohnung oder das Haus an ihr Kind. Damit müssen die Eltern die Einnahmen, die sie durch die Vermietung erzielen, allerdings versteuern.

Mit den Mietzahlungen vom Kind an die Eltern bleibt das Geld dann zum größten Teil in der Familie. Je nach Entwicklung in den nächsten Jahren kann das Kind später die Restschuld der Eltern auch übernehmen und sich als neuer Eigentümer ins Grundbuch eintragen lassen.

Ein gewisses Risiko bleibt hier für die Kinder: Versterben die Eltern, bevor sie den Kredit abbezahlt haben, übernehmen die Kinder als Erben auch die Schulden des laufenden Kreditvertrags ihrer Eltern. Können die Kinder dann die Raten nicht bedienen, fällt die belastete Immobilie in die Zwangsversteigerung.

Elternhaus als Bürgschaft

Wenn die Eltern seit längerer Zeit Wohneigentum besitzen, das zum Großteil bereits abbezahlt ist, können sie das als Bürgschaft für den Kredit der Kinder einsetzen. Das heißt: Die Bank akzeptiert die Summe, auf die die Bürgschaft ausgestellt ist, bei der Kreditvergabe als Eigenkapital. Die Bürgschaft für die festgelegte Summe dient der kreditgebenden Bank als Sicherheit im Falle von finanziellen Problemen bei der Rückzahlung. Das hilft den Kindern, einen günstigeren Kredit zu bekommen, ohne dass die Eltern ihr eigenes Erspartes dafür angreifen müssen.

Doch auch das geht nicht ganz ohne Risiko: Wenn Sie später im schlechtesten Fall die Raten für den Bankkredit nicht bedienen können, fällt Ihr Wohneigentum letztlich in die Zwangsversteigerung. Erhält die Bank daraus nicht den gewünschten Betrag zur Kredittilgung, wird sie zusätzlich auf die Immobilie der Eltern zurückgreifen, die als Sicherheit für die festgelegte Summe des Kredits steht. Das sollte allen Beteiligten bereits im Vorfeld klar sein.

Neuer Kredit aufs Elternhaus

Ohne Kopplung an die Immobilie der Kinder geht es, wenn die Eltern einen neuen Kredit mit einer zusätzlichen Grundschuld auf das eigene Haus oder die eigene Wohnung aufnehmen. Dann steht es in ihrer eigenen Verantwortung, den neu aufgenommenen Betrag abzuzahlen. Sie können mit dem Kind auch vereinbaren, dass dieses die monatlichen Raten dafür ganz oder teilweise an die Eltern überweist. Den Eltern kann aber wenigstens keine unangenehme Überraschung von der Bank drohen, wenn die Kinder in Zahlungsverzug geraten. Die Zahlung der Raten bleibt dann aber – zumindest zeitweise – an den Eltern hängen. Ein weiterer Haken dieser Lösung ist, dass der neue Kredit mit Eintragung der Hypothek im Grundbuch mit einigen Gebühren verbunden ist.

Zwischenfazit

Sie haben bis hier schon gut überschlagen, wie viel Eigenkapital Sie in eine Immobilienfinanzierung einbringen können und auch wollen. Damit haben Sie die Grundlagen zusammengestellt, mit denen Sie eine realistische Kalkulation für den Kauf einer Immobilie durchführen können. Alternativ hilft Ihnen die Aufstellung Ihrer vorhandenen Eigenmittel und Ihrer erreichbaren monatlichen Sparrate dabei, zu entscheiden, welche Beträge Sie jetzt ganz bewusst in den Vermögensaufbau als Teil der Altersvorsorge investieren können.

Wie teuer darf mein Haus, meine Wohnung werden?

Preise, Preise, Preise: Wie weit kann ich mich sicher aus dem Fenster lehnen? Welche Bürden darf ich nicht vergessen?

Wenn Sie schon Finanzierungsgespräche zum Beispiel mit einer Bankberaterin oder einem Kreditvermittler geführt haben, werden Sie vielleicht festgestellt haben, dass Sie die Monatsraten für ein Immobiliendarlehen ganz optimistisch gestimmt haben.

Viele Berater rechnen ihren Kunden immer noch vor, dass sie auch mit unerwartet geringen monatlichen Raten den notwendigen Immobilienkredit aufnehmen können. Doch Vorsicht: Der Preis sind oft ein enormes Zinserhöhungsrisiko nach Ablauf der Zinsbindungsfrist und eine Gesamtlaufzeit des Kredites bis über 50 Jahre.

Mit dem Hauspreis-Rechner von Finanztest („So teuer darf Ihr Haus werden" unter test.de/thema/baufinanzierungsrechner/) können Sie online und kostenfrei realistisch einschätzen, welchen Kaufpreis Sie sich maximal leisten können. (Siehe dazu auch Screenshots und weitere Beispiele auf den nächsten Seiten.) Dieser Rechner berücksichtigt unter anderem die einmaligen und laufenden Nebenkosten der Immobilie. Folgende Überlegungen und Angaben brauchen Sie für die Berechnung:

1. Die monatliche Kreditrate

Diese Werte geben Sie ein, um die maximale Kreditrate zu berechnen.

- Die monatliche Bruttokaltmiete für Ihre jetzige Wohnung oder Ihr Haus inklusive der Nebenkosten, die Sie per Nebenkostenabrechnung ermitteln.
- Ihren monatlichen Überschuss bei den Wohnkosten haben Sie im letzten Abschnitt ermittelt. Wie viel können Sie zusätzlich zur jetzigen Monatskaltmiete drauflegen, um die Monatsraten für den Immobilienkredit abzubezahlen? Also wie hoch ist die monatliche Sparrate zurzeit?
- Wie groß soll Ihr künftiges Eigenheim sein? Geben Sie die reine Wohnfläche in Quadratmetern an.
- Welche Pauschale für Kosten setzen Sie pro Monat und Quadratmeter an? Für laufende Bewirtschaftung, Heizkosten und künftige Instandhaltungsmaßnahmen sollten es mindestens 4 Euro pro Monat und Quadratmeter sein.

In unserem Beispiel beträgt die Rate 1720 Euro pro Monat (siehe Screenshot rechts).

1. Welche Monatsrate können Sie sich leisten?

Wie hoch ist Ihre aktuelle Miete (Euro)?*

1.800

Wie viel haben Sie im Durchschnitt der letzten 3 Jahre im Monat gespart (Euro)?*

400

Wie groß soll Ihr Eigenheim sein (m^2)?*

120

Pauschale für Kosten pro m^2 und Monat (Euro)

4,00

Ihre maximale monatliche Kreditrate beträgt 1.720 Euro

2. Die maximale Kreditsumme

Jetzt berechnen Sie die Kreditsumme, die Sie maximal aufnehmen können. Dafür tragen Sie ein:

- In wie viel Jahren wollen Sie spätestens schuldenfrei sein? Hier ist nicht die erste Zinsbindungsfrist gefragt, sondern die Gesamtlaufzeit, bis Sie die Schulden komplett abbezahlt haben. Nicht berücksichtigt sind mögliche Sondertilgungen, die Sie über die Monatsraten hinaus vielleicht leisten können.
- Mit welchem Effektiv-Zinssatz müssen Sie im Moment für einen Kredit mit 10-, 15- oder 20-jähriger Zinsbindungsfrist rechnen? Berücksichtigen Sie dabei, ob Sie von einer 60-, 80- oder gar 100-prozentigen Kreditfinanzierung ausgehen, da sich die Zinssätze dafür deutlich unterscheiden können.

Der anfängliche Tilgungssatz ergibt sich bei dieser Berechnung zwangsläufig aus der Kreditlaufzeit und dem eingegebenen Zinssatz (effektiv). In unserem Beispiel beträgt die maximale Kreditsumme 325858 Euro (siehe dazu Screenshot Seite 82).

3. Der maximale Kaufpreis

Und welchen Kaufpreis können Sie damit höchstens stemmen?

- Tragen Sie Ihr verfügbares Eigenkapital ein, das Sie im letzten Abschnitt berechnet haben.

2. Wie viel Kredit können Sie damit aufnehmen?

Wann wollen Sie spätestens schuldenfrei sein (Jahre)?*

25

Aktueller Zinssatz (Prozent)*

4,00

Die maximale Kreditsumme beträgt 325.858 Euro

- Bei der Berechnung des Kaufpreises sollten Sie die indirekten Kosten wie Malerarbeiten, neue Möbel, etc., die sich aus dem Umzug ins meist größere Eigenheim ergeben, nicht vergessen.
- Kalkulieren Sie die zu erwartenden Kaufnebenkosten in Prozent des Kaufpreises. Die Grunderwerbssteuer beträgt je nach Bundesland 3,5 bis 6,5 Prozent, die Maklerprovision 3,57 bis 7,14 Prozent, Notar- und Grundbuchgebühren 1,5 bis 2 Prozent.

In unserem Beispiel ergibt sich ein maximal möglicher Kaufpreis von 340 052 Euro bei Kaufnebenkosten von 40 806 Euro. Das ergibt zu finanzierende Gesamtkosten von 380 858 Euro (siehe Screenshot rechts).

Was bedeutet das Ergebnis?

Die Immobilie darf rund 340 000 Euro kosten, zumindest wenn man ausschließlich die Monatsbelastung betrachtet. Kritisch ist, dass der Kreditnehmer über relativ wenig Eigenkapital verfügt. Denn von seinen 60 000 Euro blieben nach Abzug der Nebenkosten nur knapp 20 000 Euro. Er müsste also mehr als 90 Prozent des Kaufpreises auf Kredit finanzieren. Dafür verlangen Banken meist einen erheblichen Zinsaufschlag. Zudem besteht das Risiko, dass der Verkaufserlös der Immobilie nicht zur Rückzahlung der Kreditschulden reicht, falls der Kreditnehmer seine Immobilie nach einigen Jahren verkaufen will oder muss, etwa weil er die Raten nicht mehr stemmen kann.

Auch wenn die Immobilie prinzipiell bis zu 340 000 Euro kosten darf, stünde die Finanzierung daher auf sichereren Füßen, wenn der Kaufpreis niedriger wäre oder aber die Möglichkeit bestünde, zusätzliches Eigenkapital aufzutreiben.

Auf den Seiten 84/85 finden Sie eine weitere Abbildung, die Ihnen zeigt, wie sich errechnen lässt, wie viel ein Eigenheim kosten darf. Sie zeigt ein Musterpaar, das sich ein Eigenheim kaufen will und dazu realistische Berechnungsschritte durchgeht: von der Höhe der möglichen Kreditrate bis hin zum maximalen Kaufpreis.

3. Welchen Kaufpreis können Sie damit finanzieren?

Verfügbares Eigenkapital (Euro)*

60.000

Reserve z.B. für Umzugskosten (Euro)

5.000

Kaufnebenkosten des Kaufpreises (Prozent)*

12,00

Berechnen

So viel darf das Haus kosten

Kosten	Euro
Finanzierbarer Kaufpreis	**340.052**
Kaufnebenkosten	**40.806**
Finanzierbare Gesamtkosten (Euro)	**380.858**

Hinweis: Der angezeigte Kaufpreis erscheint von der Monatsbelastung her finanzierbar. Sie verfügen aber über relativ wenig Eigenkapital und müssten mehr als 90 Prozent des Kaufpreises auf Kredit finanzieren. Das ist bei den meisten Banken nur gegen einen erheblichen Zinsaufschlag möglich. Außerdem besteht das Risiko, dass der Verkaufserlös der Immobilie nicht zur Rückzahlung der Kreditschulden reicht, falls Sie Ihre Immobilie nach einigen Jahren verkaufen. Wir empfehlen daher, mehr Eigenkapital einzusetzen oder eine Immobilie zu einem niedrigeren Kaufpreis zu suchen.

Wie viel das Eigenheim kosten darf.

Welche Kreditrate können Sie stemmen? Wie viel Geld haben Sie bereits für den Immobilienkauf angespart? Das sind die Leitplanken, aus denen sich errechnen lässt, wie hoch der maximale Kaufpreis für Ihre Immobilie sein darf, wenn Sie sich nicht übernehmen wollen.

2 UNSER **TILGUNGSSATZ**

Bei dem Kredit müssen wir mit

3,50 Prozent **Zinssatz** rechnen

Den Kredit haben wir in etwa 25 Jahren abbezahlt, wenn wir mindestens

+ 2,50 Prozent **Tilgungssatz** wählen

= 6,00 Prozent

1 UNSERE **KREDITRATE**

1 350	Euro Miete mit Nebenkosten zahlen wir im Monat
+ 800	Euro sparen wir
– 400	Euro Nebenkosten haben wir im Eigenheim (4,00 Euro/qm x 100 qm Wohnfläche)[1)]
= 1 750	Euro können wir als **Kreditrate** zahlen

Für 12 Monate sind das: 21 000 Euro

21 000 Euro : 6 × 100 = 350 000 Euro

MAXIMALE KREDITSUMME

Berechnung der maximalen Kreditsumme

Berechnung des maximalen Kaufpreises

KREDITTILGUNG

Zeitraum (Jahre)	Benötigter Tilgungssatz zur Abzahlung des Kredits bei einem Zinssatz von ...				
	2,50	**3,00**	**3,50**	**4,00**	**4,50**
10	8,81	8,59	8,37	8,15	7,94
15	5,50	5,29	5,08	4,88	4,68
20	3,86	3,66	3,46	3,27	3,09
25	**2,88**	**2,69**	**2,51**	**2,33**	**2,17**
30	2,24	2,06	1,89	1,73	1,58
35	1,79	1,62	1,46	1,31	1,18

3

UNSER GESAMTBUDGET

100 000 Euro Ersparnisse haben wir und
– 10 000 Euro behalten wir als Reserve
+ 350 000 Euro können wir als Kredit aufnehmen

= 440 000 Euro

4

MAX. KAUFPREIS

100 Prozent des Kaufpreises
+ 10 Prozent des Kaufpreises an Nebenkosten[2)]

= 110 Prozent

440 000 Euro : **110** × **100** = **400 000** Euro

MAXIMALER KAUFPREIS

1) Für Betriebskosten, Instandhaltungs- und Verwaltungskosten.
2) Höhe hängt davon ab, in welchem Bundesland die Immobilie liegt und ob Maklerprovisionen anfallen.

Mieten – aber mit Sparplan für den Vermögensaufbau

Sie wollen in absehbarer Zukunft doch kein Wohneigentum erwerben, sondern weiterhin Mieterin oder Mieter bleiben?

Wenn Sie sich gegen einen Kauf entscheiden, können Sie nicht damit rechnen, zum Rentenbeginn in einer schuldenfreien Eigentumswohnung oder dem abbezahlten Eigenheim zu leben. Dann können Sie darangehen, anders fürs Alter vorzusorgen. Ihr Erspartes und die ermittelte monatliche Sparrate können Sie dann für den Aufbau der Vermögensbildung verwenden. Die aktuelle Kaltmiete und Nebenkosten für die Wohnung müssen Sie in diesem Fall aber bei den Ausgaben mit aufnehmen.

> **Der Puffer von mindestens drei Monatsgehältern schützt vor unerwarteten finanziellen Notlagen.**

Bei einem langfristigen Aufbau eines Vermögens für die Zeit der Rente sollte nicht zwischendurch alles bis dahin Erreichte plötzlich futsch sein können. Für den langfristigen Vermögensaufbau an den Finanzmärkten gibt es bei Finanztest ein seit Jahren erfolgreich etabliertes Konzept: das Pantoffel-Portfolio – mit minimalen oder vertretbaren Risiken, je nachdem, welcher Anlegertyp Sie sind. Grundsätzlich ist dabei aber zu beachten: Mehr Rendite gibt es an den Finanzmärkten in aller Regel immer bei höherem Risiko.

Das Pantoffel-Portfolio

Die Grundidee zur Entwicklung unseres Pantoffel-Portfolios war: mehr Rendite – aber mit gebremsten Risiko! Die Experten und Expertinnen von Finanztest haben es „Pantoffel-Portfolio" genannt, weil es für Anlegende so bequem ist. Unsere Profis haben ein Konzept entwickelt, das sich eignet, um Geld breit gestreut anzulegen und langfristig mehr Rendite als mit reinen Zinsanlagen zu erzielen. Dieses Portfolio besteht aus einem sogenannten Renditebaustein sowie einem Sicherheitsbaustein. Die beiden Bausteine lassen sich je nach Risikobereitschaft unterschiedlich mischen (siehe den Kasten rechts).

Das Pantoffel-Portfolio besteht aus breit gestreuten Aktienfonds und Zinsanlagen. Einmal eingerichtet, macht es kaum noch Arbeit.

Sie benötigen zum Start ein Tagesgeldkonto und ein Wertpapierdepot bei einer Bank. Sie können das Pantoffel-Portfolio entweder als Sparplan mit monatlichen Beiträgen nutzen oder dafür, einmalig eine bestimmte Summe anlegen. Ob als zusätzliche Altersvorsorge, um das Geld aus einer Erbschaft anzulegen, oder einfach mal, um drauflos zu sparen. Das Pantoffel-Portfolio eignet sich für viele Ziele. Starten kann man damit jederzeit. Anleger und Anlegerinnen können das Konzept genauso für eine Zusatzrente nutzen und sich später regelmäßig Geld auszahlen lassen. Das nennen wir dann Pantoffel-Rente.

Pantoffel-Entnahme – einfach und bequem

Wie funktioniert das später mit der Zusatzrente? Viele Finanztest-Leserinnen und -Leser sparen schon viele Jahre nach unserer Pantoffel-Methode. Sie können ihr Depot in der Rente einfach ganz oder teilweise weiterlaufen lassen. Das Pantoffel-Portfolio besteht aus einem Mix aus Tagesgeld und Welt-Aktien-ETF und geht nahtlos in die Pantoffel-Rente über. ETF sind Exchange Traded Funds, also börsengehandelte Indexfonds, die die Wertentwicklung bekannter Marktindizes eins zu eins abbilden. In der ausgewogenen Pantoffel-Variante werden ein MSCI-World-ETF und Tagesgeld 50:50 gemischt. Das Tagesgeld wirft wenig Rendite ab, ist aber sehr sicher. Es bildet den Sicherheitsbaustein.

Unser Tipp

Das Pantoffel-Portfolio von Finanztest besteht aus zwei Bausteinen:

1. Ein Aktien-ETF sorgt für Renditechancen.
2. Eine Zinsanlage dient als Sicherheitsbaustein.

Möchten Sie sparen, bietet sich als Sicherheitsbaustein Tagesgeld an. Wenn Sie einen größeren Betrag anlegen möchten, kommen neben Tagesgeld momentan vor allem Festgeld und Sparbriefe infrage.

Defensive Variante
25 % Aktien-ETF
75 % Zinsanlagen

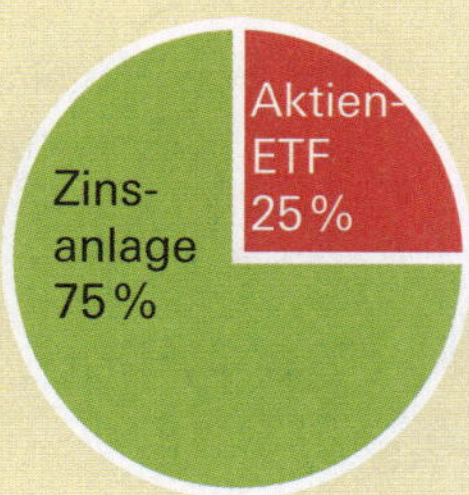

Ausgewogene Variante
50 % Aktien-ETF
50 % Zinsanlagen

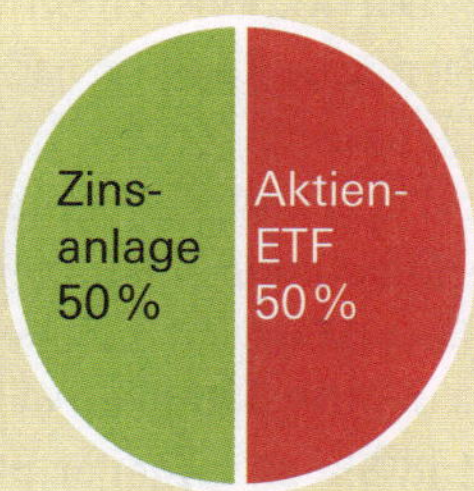

Checkliste

Für wen sich die Pantoffel-Rente eignet

Ein ETF-Auszahlplan ist die richtige Lösung für Sie, wenn die folgenden sieben Punkte auf Sie zutreffen:

- ☐ Sie können Ihre regelmäßigen Ausgaben im Ruhestand aus anderen Quellen decken.
- ☐ Sie möchten gerne über eine zusätzliche monatliche Einkommensquelle verfügen und können im Notfall mit Schwankungen bei der Auszahlung leben.
- ☐ Sie möchten eine Chance auf höhere Entnahmen und ein wachsendes Vermögen haben.
- ☐ Sie möchten flexibel bleiben und bei Bedarf auch mal größere Summen aus Ihrem Vermögen entnehmen können.
- ☐ Sie wollen nur für einen begrenzten Zeitraum planen – etwa aus gesundheitlichen Gründen.
- ☐ Sie kennen sich mit Geldanlagen aus, trauen sich die Verwaltung Ihres Vermögens zu und bleiben auch bei Börsenturbulenzen entspannt.
- ☐ Sie möchten, dass viel Geld für Ihre Erben übrig bleibt, falls Sie früh sterben.

Der Aktien-ETF schwankt im Wert, hat aber hohe Renditechancen. Das ist der Renditebaustein.

Die Pantoffel-Rente ist fast so einfach und bequem wie in der Ansparphase. Aber sie verlangt ein bisschen Planung.

Anders als mit einer Rentenversicherung sind Sie als Anleger mit einem Pantoffel-Portfolio sehr flexibel. Sie können jederzeit auch größere Summen entnehmen, wenn Sie Geld brauchen, Sie gehen keine vertragliche Verpflichtung ein und können auch später noch beim Versicherer eine Sofortrente abschließen. Sie steuern das Risiko und die Renditechancen Ihrer Geldanlage selbst und können die Laufzeit verkürzen oder verlängern.

Der Nachteil: Wenn Sie das angesparte Vermögen aufzehren, geht irgendwann nichts mehr. Es gibt keine garantierten lebenslangen Zahlungen wie bei einer Rentenversicherung.

Wenn Sie später Ihre Entscheidung für eine Pantoffel-Rente fällen, müssen Sie nur noch zwei Dinge tun:

- **Ihre Rentenhöhe regelmäßig anpassen.** Hier hilft unser Entnahme-Rechner: test.de/entnahmerechner
- **Hin und wieder überprüfen.** Checken Sie, ob die Aufteilung zwischen Aktien-ETF und Tagesgeld noch stimmt, und balancieren bei Bedarf das Depot neu aus.

Bei Auszahlplänen mit Fonds wirken sich Kursstürze an den Börsen unmittelbar auf die Entnahmerate aus. Es sei denn, man hat einen Puffer eingebaut. Für später, wenn die Entnahme beginnt, schlagen wir deshalb in der Regel folgende Strategie vor: Entnahmeplan mit Krisenpuffer.

Crashs: Gefahren im Griff mit Krisenpuffer

Anlegerinnen und Anleger, die ihr Depot durch regelmäßige Verkäufe von Fondsanteilen zur Rentenergänzung nutzen, trifft ein Börsencrash direkt. Sie können Krisen nicht einfach aussitzen, sondern müssen dann unter Umständen zu ungünstigen Kursen verkaufen.

Deswegen haben die Finanztest-Profis beim Pantoffel-Portfolio als Rentenergänzung zwei dämpfende Effekte eingebaut:

Die monatliche Auszahlung wird immer aus dem Tagesgeldkonto entnommen. Dadurch bekommt bei Aktien-Crashs der Aktien-ETF immer eine Zeit zum Erholen. Wer im Crash den Aktienanteil reduziert, vergibt diese Chance. Daher: auch in der Rentenphase besser die gewählte Portfoliozusammenstellung beibehalten.

Beim flexiblen Konzept teilen Sie das Vermögen zu Beginn der Entnahmen durch die Zahl der geplanten Rentenjahre. Nach guten Börsenjahren entnehmen Sie mehr, nach schlechten Jahren weniger Geld.

Unser Tipp

Die besten finden: Die Finanztest-Experten und -Expertinnen testen Fonds und ETF regelmäßig. Im Fondsfinder (test.de/fonds) gibt es alle Daten immer aktuell – für mehr als 23 000 Fonds samt internationaler Wertpapierkennnummer Isin. Dort finden Sie zum Beispiel auch eine Auswahl der besten breit gestreuten Aktien-ETF, mit denen Sie Ihr Pantoffel-Portfolio für die Altersvorsorge bestücken können. Sie eignen sich besonders gut für die Basisanlage. Die derzeit vier besten Anbieter „Aktien-ETF Welt" für Pantoffel-Sparpläne sind:
HSBC, Isin: IE 00B4X9L533
iShares, Isin: IE 00B4L5Y983
UBS, Isin: IE 00B7KQ7B66
Xtrackers, Isin: IE 00BK1PV551

Der zweite stabilisierende Faktor ist ein Krisenpuffer für Entnahmepläne. Er gleicht den Nachteil des flexiblen Entnahmekonzepts aus. Bei der Variante mit Puffer ziehen Sie schon vor der Auszahlung vom Vermögen einen Sicherheitspuffer ab. Er ist in guten Börsenzeiten besonders hoch, nach einem Crash geringer.

Der Puffer hat sich in der Corona-Krise bewährt und tat es auch später wieder, wie eine Simulation durch Finanztest gezeigt hat. Die Experten und Expertinnen ließen dazu einen Entnahmeplan direkt vor dem Corona-Crash Ende Januar 2020 starten, also zu einem denkbar ungünstigen Startzeitpunkt für eine Entnahme – um die Robustheit zu testen. Das Anfangsvermögen betrug 100 000 Euro, die Zusatzrente sollte 30 Jahre reichen, das Portfolio war ausgewogen konstruiert. Sie ließen zwei Varianten gegeneinander laufen, eine flexible ohne Puffer und eine mit Puffer.

Im Ergebnis konnte man sehen: Obwohl der Weltaktienmarkt durch den Krieg in der Ukraine zwischenzeitlich rund 10 Prozent unter seinem Höchststand war, mussten Anleger und Anlegerinnen bei der Entnahmestrategie mit Puffer ihre Auszahlraten nicht kürzen. Zudem wuchs das Vermögen im Portfolio trotz der Krisen weiter an.

Wir haben hier gezeigt, wie Sie mit dem Pantoffel-Portfolio von Finanztest flexibel und mit langfristiger Stabilität ein Vermögen als Altersvorsorge aufbauen können.

Alternative Altersvorsorge mit Fondspolicen?

Zwar gibt es auf sichere Zinsanlagen wieder ein paar Prozent, aber wer langfristig fürs Alter spart, setzt besser auf Aktienfonds. Sie liefern den notwendigen Renditebooster. Sparerinnen und Sparer haben zwei Möglichkeiten, mit Fonds vorzusorgen: entweder mit einem eigenen Depot, über das sie Fondssparpläne oder Fondskäufe laufen lassen (wie beim Pantoffel-Portfolio), oder indem sie eine fondsgebundene Rentenversicherung nutzen, auch Fondspolice genannt. Bei dieser Rentenversicherungsvariante können Versicherte mit Fonds für den Ruhestand anlegen. Später haben sie die Wahl, das angesparte Vermögen als lebenslange Rente zu beziehen – oder sich auf einen Schlag auszahlen zu lassen.

Rentenversicherungen sind immer mit höheren Kosten verbunden als eine reine Fondsanlage. Versicherungsvertreter betonen aber vor allem die Steuervorteile, wenn sie Fondspolicen bewerben.

Wir haben für drei verschiedene Modellfälle nachgerechnet, was dabei rauskommt, wenn man sowohl die Kosten als auch die Steuern berücksichtigt:

Im Fall eins geht es um einen 37-Jährigen, der mit 100 Euro monatlich 30 Jahre lang mit Aktien-ETF fürs Alter spart.

Im zweiten, leicht abgewandelten Fall investiert derselbe Sparer in einen aktiv gemanagten nachhaltigen Fonds.

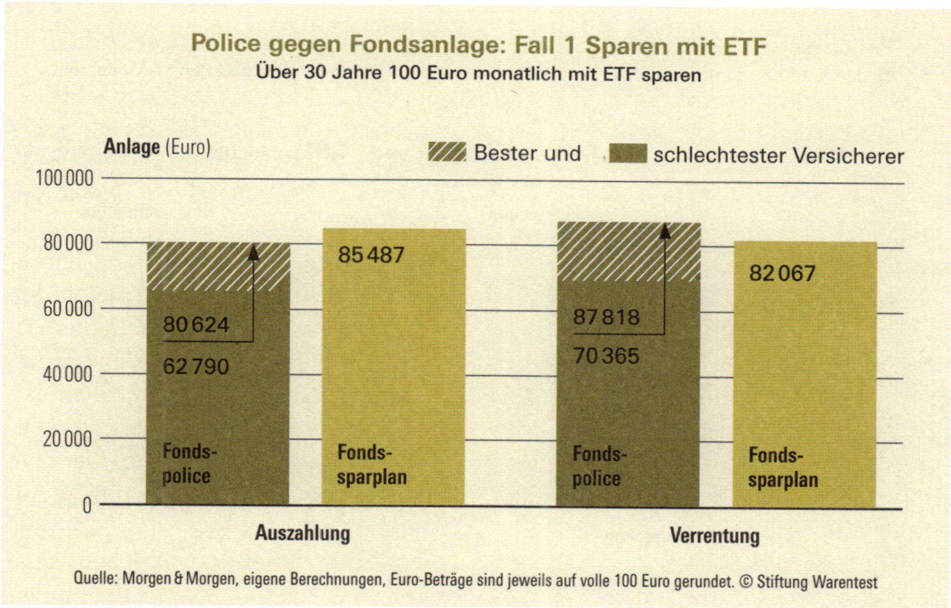

In Fall drei lassen wir ein 55-jähriges Paar auf einen Schlag 100 000 Euro in einen ETF stecken, und zwar für zwölf Jahre.

Wir haben für alle Fälle berechnet, wie viel dabei herauskommt – für beide Varianten: Auszahlung und Umwandlung in eine lebenslange Rente.

Fall eins: 100 Euro monatlich sparen – 30 Jahre mit ETF

Ein 37-Jähriger mit 30 000 Euro Jahreseinkommen spart jeden Monat 100 Euro mit einem Welt-Aktien-ETF. Der Sparerpauschbetrag (1 000 Euro), bis zu dem er keine Steuern zahlen muss, ist voll verfügbar.

1 **Variante Auszahlung.** Wer mit Aktien-ETF für die Rente sparen und später über das Geld frei verfügen möchte, fährt mit einem ETF-Sparplan besser als mit einer Fondspolice. Rund 4 500 bis 19 400 Euro mehr stehen zur Verfügung.

2 **Variante Rente.** Wer weiß, dass er sich das Geld später als lebenslange Rente auszahlen lassen will, kann mit einer Fondspolice besser fahren. Bei dem günstigsten Anbieter aus unserem Test standen über 5 000 Euro mehr zur Verfügung.

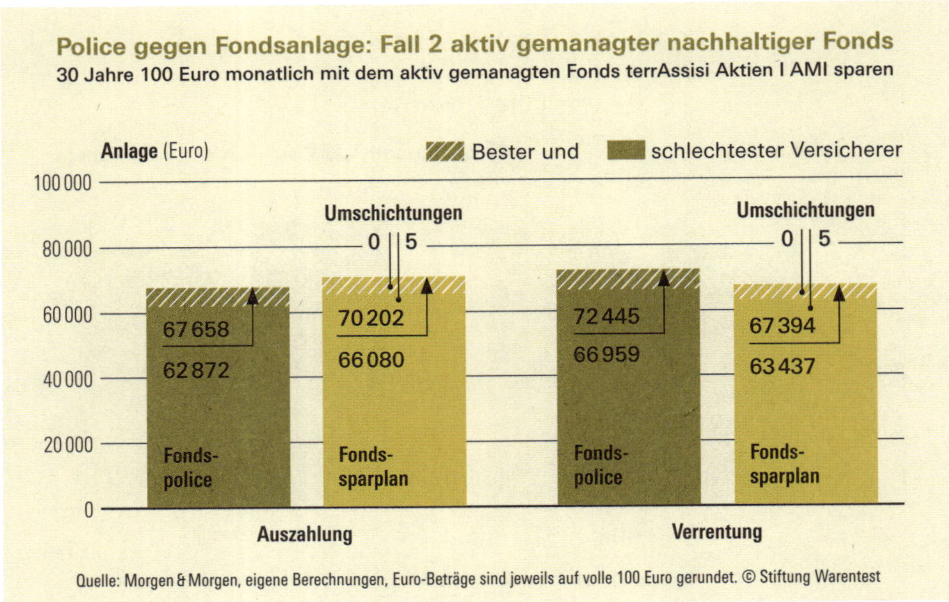

Fall zwei: 100 Euro monatlich sparen – 30 Jahre mit einem aktiv gemanagten Fonds

Hier haben wir den Fall leicht abgewandelt: Unser 37-Jähriger mit 30 000 Euro Jahreseinkommen spart jeden Monat 100 Euro mit dem aktiv gemanagten nachhaltigen Fonds terrAssisi Aktien I AMI. Der Sparerpauschbetrag (1 000 Euro), bis zu dem er keine Steuern zahlen muss, ist voll verfügbar. Umschichtungen kosten beim Sparplan Rendite.

1 **Variante Auszahlung.** Wer mit aktiv gemanagten Fonds sparen und diese regelmäßig ändern will, fährt mit einer günstigen Fondspolice besser. Wird hingegen nur selten umgeschichtet, eignet sich eine reine Fondsanlage besser. Angenommen, der Sparer würde im Laufe der Zeit fünfmal umschichten, würde eine günstige Fondspolice besser abschneiden als ein reiner Fondssparplan, weil die Umschichtungen weniger kosten.

2 **Variante Rente.** Bei Fondspolicen sind nicht nur die Umschichtungen von einem Fonds in einen anderen, sondern auch die Umwandlung des Kapitals in eine Rente steuerfrei. Das sorgt für ein deutliches Plus beim Verrentungskapital – wenn die Umschichtungen erfolgreich waren.

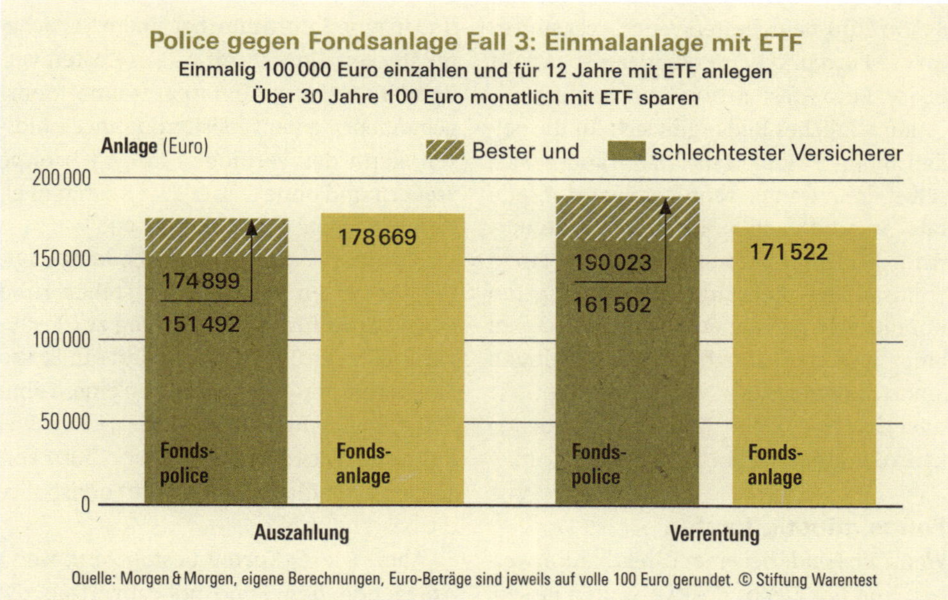

Fall drei: 100 000 Euro Einmalanlage, zwölf Jahre mit ETF

Ein 55-jähriges Paar mit insgesamt 150 000 Euro Jahreseinkommen legt 100 000 Euro für zwölf Jahre in einen ETF an. Der Sparerpauschbetrag ist bereits ausgeschöpft.

1 **Variante Auszahlung.** Auch bei ausgeschöpftem Sparerfreibetrag und Splitting-Steuertarif schlägt die reine Fondsanlage die Fondspolice, wenn das Geld später ausgezahlt werden soll.

2 **Variante Rente.** Trotz der höheren Kosten fließt auch bei kürzeren Laufzeiten aufgrund der Steuerersparnis bei der Fondspolice mehr Geld in eine lebenslange Rente.

Unser Fazit

Ein Sparplan ist für viele die bessere Lösung. Wer im Alter frei über sein Geld verfügen möchte, für den sind Sparplan und freie Fondsanlage im Vergleich zur Fondspolice stets die bessere Variante. Bei der Auszahlung einer fondsgebundenen Rentenversicherung fallen zwar weniger Steuern an als bei einem reinen Sparplan. Die höheren Kosten verhageln aber das Renditeergebnis. Selbst die günstigsten Versicherungen können da nicht mithalten.

Ein Sparer, der 30 Jahre lang 100 Euro monatlich in einen ETF steckt, bekommt mit einem Sparplan in unserer Simulation nach Kosten und Steuern am Ende rund

85500 Euro, beim besten Versicherer sind es 81000 Euro und beim teuersten sogar nur 66100 Euro – fast 20000 Euro weniger.

Ein ähnliches Bild ergibt sich für die beiden anderen Musterfälle. Daran ändert sich selbst dann wenig, wenn der Sparer verheiratet ist und nach Splittingtarif besteuert wird. Zudem haben wir bei der reinen Fondsanlage nicht mit den günstigsten Konditionen gerechnet, sondern mit denen einer großen Onlinebank. Bei günstigen Smartphonebrokern wie Trade Republic oder Scalable (siehe „Unser Tipp", rechts) kann das Ergebnis noch eindeutiger sein.

Fonds günstig kaufen

Wenn Sie Fonds bei einer Direktbank erwerben und das Depot dort verwalten lassen, können Sie im Vergleich zur Fondsanlage bei Filialbanken Kosten sparen. Direktbanken verzichten auf das teure Filialnetz und sind nur über Telefon oder Internet zu erreichen. Oft geben Direktbanken einen Rabatt auf den Ausgabeaufschlag und bieten ihren Kunden eine preisgünstige und teilweise sogar gebührenfreie Depotverwaltung.

Bei Verrentung ist die Fondspolice besser

Anders sieht es aus, wenn klar ist, dass der Sparer später das Geld nicht auf einen Schlag ausgezahlt bekommen möchte, sondern eine lebenslange Rente bevorzugt.

Bei einem Sparplan müsste er sich dann das Geld auszahlen lassen, es versteuern und in eine Sofortrente bei einem Versicherer stecken. Das ist mit neuen Kosten verbunden. Hat der Alterssparer eine fondsgebundene Rentenversicherung abgeschlossen, kann das Vermögen hingegen ohne Steuern und ohne zusätzliche Kosten in eine lebenslange Rente übergehen.

Für unser drittes Beispiel bedeutet das: Bei der besten Versicherung stehen rund 87800 Euro für die Verrentung zur Verfügung, die reine Fondsanlage lässt nur 82100 Euro dafür übrig. Geht man von einem ähnlich hohen Rentenfaktor aus – also wie viel Rente der Versicherer pro 10000 Euro Vermögen auszahlt –, wäre hier die Fondspolice die bessere Wahl.

Aber: Dieser Vorteil besteht nur, wenn Anlegende den Fondspolicenvertrag die komplette Laufzeit durchhalten und dann tatsächlich eine Rente wählen. Ob das hinhaut, ist bei Vertragsabschluss schwer abzusehen. Nach Analysen der Finanzaufsicht Bafin wird nur die Hälfte der Rentenversicherungsverträge länger als 18 Jahre durchgehalten. Und das, obwohl Sparer während der Laufzeiten nur mit teils erheblichen Einbußen wieder an ihr Geld kommen.

Sparplan ist deutlich flexibler

Mit einem Fondssparplan sind Sparerinnen und Sparer flexibler und müssen das Geld am Ende der Ansparphase nicht zwingend in eine teure Sofortrente stecken. Sie können sich ohne Kosten und sofortige Versteuerung selbst einen Auszahlplan stricken

– nach der bewährten Methode unseres „Pantoffel-Portfolios", die wir bereits vorgestellt haben (siehe Seite 86).

Einfach anlegen

Wegen ihrer günstigen Kosten und breiten Streuung empfehlen wir weltweit anlegende Indexfonds für die Geldanlage, auch für Fondspolicen. Erste-Wahl-ETF finden Sie auf test.de/fonds in unserem großen Fondsvergleich (siehe auch Kasten Seite 89). Die günstigsten Fondspolicen mit ETF bieten Europa und Hannoversche Leben.

Sonderfall: Ökologische Investments mit aktiven Fonds

Wenn Sparer statt auf ETF lieber auf teurere aktiv gemanagte Aktienfonds setzen, haben Rentenversicherungen Vorteile. In der Regel empfiehlt Finanztest diese nicht, da sie höhere Kosten haben und auf Dauer selten besser abschneiden als der Markt, den ETF abbilden. Wer aber besonderen Wert auf eine ökologische Ausrichtung seiner Investitionen legt, für den gibt es aktiv gemanagte Fonds mit strengeren Umweltkriterien als ETF, die jeweils einen ganzen Börsenindex abbilden. Darum sind sie für nachhaltig orientierte Anleger attraktiv.

Die Strategien gemanagter Fonds funktionieren oft nicht auf Dauer, und man muss häufiger umschichten als bei einem ETF-Sparplan, der einfach bis zur Rente durchlaufen kann. Je öfter man umschichtet, umso attraktiver wird die Fondspolice. Grund sind die Steuerregeln: Denn bei Umschichtungen in der Fondspolice bleiben die Gewinne steuerfrei, bei reinen Fondsanlagen dagegen nicht. Zudem sind aktiv gemanagte Fonds über Fondspolicen häufig günstiger erhältlich als am freien Markt.

Für aktiv gemanagte Fonds eignen sich etwa Policen von Continentale, Volkswohl Bund und HDI.

Aktive Ökofonds, die in der Finanztest-Nachhaltigkeitsbewertung besonders gut abgeschnitten haben, sind neben dem terrAssisi Aktien I AMI beispielsweise der Monega, Universal sowie Ökoworld (Stand: 30. November 2023).

Unser Tipp

Onlinebroker sind günstiger. Eine Alternative kann vor allem für junge Leute ein Depot bei einem Smartphone-Broker (Neobroker) sein. Hier lässt sich der Fondskauf schnell und sehr preiswert über das Smartphone abwickeln. Bei einer Untersuchung im Jahr 2023 erfüllten die Broker Finanzen-net Zero, Justtrade, Scalable und Trade Republic die strengen Sicherheitskriterien von Finanztest. Die genauen Untersuchungsergebnisse finden Sie unter test.de/neobroker.

Kaufen, mieten: Was tut mir wirklich gut?

An dieser Stelle soll es nicht allein ums Finanzielle gehen. Es gibt noch manche andere Argumente, die darüber entscheiden, ob wir uns mit etwas „Eigenem" oder mit einem Mietvertrag letztendlich wohler fühlen.

Szene Einweihungsfeier von Freunden: Man sieht den frischgebackenen Eigentümern den Stolz auf das Erreichte an. Nach einer ausgiebigen Führung durchs neue Haus und den Garten – mit großem Grill – sind alle Gäste beeindruckt. Manche von ihnen kommen ins Grübeln und fragen sich: Kann ich meinen Traum vom Eigenheim auch mal verwirklichen?

Doch wie schaut es mit der eigenen Perspektive aus? Sind Sie überhaupt der Eigenheimtyp? Was ist für Sie in der aktuellen Lebensphase die beste Entscheidung in der Frage mieten oder kaufen? „Aktuell", weil sich der eigene Lebensstil im Laufe des Lebens meist deutlich verändert. In der Jugend spielen Freiheit, Ungebundenheit, Abenteuerlust und Flexibilität eine große Rolle. Mit fortschreitendem Alter wird man eher gesetzter, ruhiger, gebundener – was etwa Arbeit, Familie und Freunde betrifft – und sesshafter.

Und im höheren Lebensalter sind Gewohnheiten und ein vertrautes räumliches und soziales Umfeld noch einmal bedeutender.

Je nach Alter ergeben sich folglich sehr unterschiedliche Prioritäten, wo und wie man wohnen und leben möchte.

Auf den Punkt gebracht, kann man sagen: Mieten ist eher für die kurzfristige, der Kauf einer Immobilie für die mittel- bis langfristige Planung geeignet. Dennoch ist es sinnvoll, das Thema „weiterhin zur Miete wohnen" nicht aus den Augen zu verlieren, gerade dann, wenn man fürs Alter, also für die Zeit im Ruhestand, finanziell vorsorgen will.

Mieten: Das kann meist von Vorteil sein

Die ersten vier Wände, meist auch der erste Mietvertrag – man wohnte so flexibel und frei. Warum also nicht auch in kommenden Zeiten diese Vorzüge genießen?

Mieten ist risikoärmer als Kaufen – aus finanzieller Sicht. Man nimmt keinen Immobilienkredit auf und geht folglich auch keine hohe finanzielle Verpflichtung ein, und das über Jahre. Angesammelte Ersparnisse werden nicht restlos als Eigenkapital in die Anzahlung der Eigentumswohnung oder des Eigenheims gesteckt. Dieses Geld steht dann in finanziellen Notlagen kurzfristig zur Verfügung, wie es zum Beispiel per Tages-/Festgeldkonto oder einem Wertpapier-Sparplan möglich ist.

Wer mietet und seine Ersparnisse plus die monatlichen Sparraten in unterschiedliche, breit gestreute Aktienfonds und/oder ETF anlegt, verteilt sein finanzielles Risiko wesentlich gleichmäßiger und kann in Notlagen flexibler reagieren.

Wer mietet, bleibt flexibler

Insgesamt bleiben Sie als Mieterin und Mieter flexibler. Ein Mietvertrag lässt sich schneller und einfacher beenden als ein Immobilienkredit. Falls sich Ihre Lebensumstände kurzfristig stark verändern oder wenn Sie finanziell auf längere Sicht sparsamer leben müssen, haben Sie eine, manchmal vielleicht auch nervenaufreibende, Option: Sie können versuchen, aus einer großen und teureren Wohnung oder dem gemieteten Haus in ein vergleichsweise preiswerteres Zuhause zu wechseln. Aus

Flexibilität
Wer mietet, bleibt elastischer bei der Wahl des Wohnorts. Wer die Eigenheimvariante gewählt hat, ist auch entschlossen, langfristig zu bleiben.

einem laufenden Kreditvertrag herauszukommen ist da schon wesentlich aufwendiger, dauert länger und ist mit höheren Verlusten verbunden. Gleiches gilt, wenn Sie aus beruflichen oder privaten Gründen den Wohnort wechseln wollen oder müssen.

Wenn Sie also noch nicht sicher sind, dass Ihr Lebensmittelpunkt auch zukünftig an dem Ort liegt, an dem Sie ein Haus oder eine Wohnung kaufen möchten, ist die Option Eigenheim vielleicht (noch) nichts für Sie. Selbstverständlich ließe sich ein Eigenheim auch verkaufen oder vermieten. Doch ein Verkauf ist unter Umständen mit Verlusten verbunden. Und ob Sie geeignete Mieter finden, die langfristig wohnen bleiben, ist nicht vorhersehbar. Meist ist eine Vermietung zudem mit erheblichem Aufwand verbunden.

Solange man seine Lebensplanung für die nächsten zehn oder zwanzig Jahre noch nicht festgezurrt hat, spricht alles für einen Mietvertrag.

Wer sich in dieser Lebensphase auf ein Eigenheim festgelegt hat, zieht freiwillig so schnell nicht um. Dann kann der tägliche Weg zur Arbeitsstelle deutlich länger sein, doch das nimmt man in Kauf. Das liegt auch daran, dass die meisten Häuslebauer und Eigenheimkäufer ihr neues Zuhause bevorzugt außerhalb der Ballungszentren finden, weil dort die Preise für Immobilien niedriger sind. Wer in Randgebieten oder Vororten lebt, muss dann meist längere Wege auf sich nehmen, auch zur Kita oder Schule.

Selbst wenn man zunächst in der Nähe seines Arbeitgebers eine passende Immobilie findet: Was passiert, wenn man die Stelle wechselt oder an eine andere Dienststelle versetzt wird? Vermutlich muss man dann längere Pendelstrecken in Kauf nehmen. Und häufiges Pendeln samt längerer Fahrstrecken kosten mehr Geld, sei es für den öffentlichen Nahverkehr oder die Unterhaltskosten für ein oder zwei Pkw – es sei denn, man kann Homeoffice-Tage einplanen.

Mit Reparaturkosten nichts zu tun

Die Heizung fällt aus, Wasser dringt durch die Wand. Das ist in dem Moment zwar ärgerlich, die Kosten für die Reparaturen müssen Mieterinnen und Mieter aber nicht tragen. Zum Glück, denn die Beseitigung solcher Schäden kann stark ins Geld gehen.

Bei einer Eigentumswohnung sind solche Summen meist noch überschaubar: Laufende Unterhaltungs- und Reparaturkosten können gewöhnlich aus der angesparten Erhaltungsrücklage gestemmt werden, die alle Eigentümer und Eigentümerinnen monatlich befüllen. Nur selten oder bei einer schlecht organisierten Verwaltung müssen sie mit zusätzlichen Sonderzahlungen rechnen. Das passiert vor allem, wenn beispielsweise die Behebung des Schadens außerordentlich teuer wird.

Als Hauseigentümer trägt man hingegen jedwede kleine und große Reparatur selbst. Das kann schon mal kostspielig werden, es sei denn, der Schaden ist durch eine Gebäude- oder Elementarschadenversicherung abgedeckt. In dem Fall werden nachträglich die Kosten erstattet.

“ Als Hauseigentümer trägt man jede Reparatur selbst.

Fazit: Als Mieter oder Mieterin ist man da fein raus, die Instandhaltung mit allen Reparaturen geht erst einmal zulasten der Eigentümer.

Weniger Nebenkosten

Überhaupt „Nebenkosten“ der Hausbewirtschaftung von Abwassergebühren bis hin zu Versicherungsbeiträgen: Als Mieter oder Mieterin bezahlen Sie nur die sogenannten umlagefähigen Nebenkosten: Dazu zählen zum Beispiel die Haus- und Grundbesitzer-Haftpflichtversicherung, Gebäudeversicherungen, Hausmeisterkosten, Abwassergebühren sowie die regelmäßige Straßenreinigung und Müllabfuhr.

Eigentümer Ihrer Mietwohnung haben darüber hinaus immer auch die nicht umlagefähigen Nebenkosten wie Hausverwaltung, Bankgebühren, Reparatur- und Instandhaltungskosten sowie die Bildung von Rücklagen zu zahlen.

Kleinreparaturen kein Drama

In manchen Mietverträgen verpflichten die Eigentümer ihre Mieter und Mieterinnen, Kleinreparaturen bis zu einem maximalen Jahresbeitrag selbst zu übernehmen. Solche Beträge stellen aber kein bedrohliches Risiko für die Mieter dar.

In der Rechtsprechung gilt als akzeptierter Maßstab, dass Mieterinnen und Mieter für Kleinreparaturen über ein Jahr hinweg nicht mehr als eine Monatsmiete aufwenden müssen. Und die Kosten für eine einzelne Reparatur dürfen nicht wesentlich höher sein als 100 Euro.

Fazit: Das sollte die meisten Menschen, die zur Miete wohnen, finanziell nicht überfordern oder in eine Krise stürzen.

Start-up & Co.
Wer ein Unternehmen gründet, sollte zeitgleich nicht auch noch Kredite für ein Eigenheim aufnehmen. Laufen die Geschäfte später gut, ist immer noch Zeit.

Alt werden in einer Mietwohnung

Es lässt sich vermutlich endlos darüber diskutieren: Ist es vorteilhafter, im Alter ohne Mietzahlungen eine schuldenfreie Immobilie zu bewohnen? Oder wäre es besser, sich eine altersgerechte Wohnung zu mieten und das angesammelte Vermögen in Form von Fonds oder ETF zu verwalten? Ein Mietvertrag ist leichter zu kündigen, als ein Eigenheim zu verkaufen oder zu vermieten – was einen permanenten Verwaltungsaufwand bedeutet. Sie sehen, hier muss jeder Mensch selbst gut überlegen und individuell planen. Eine passgenaue universelle Empfehlung gibt es schlichtweg nicht.

Firmengründer besser zur Miete

Das Thema mag auf nur wenige Leser und Leserinnen zutreffen. Wir wollen dennoch kurz einige wichtige Gedanken anreißen.

Unternehmensgründungen sind riskante und fordernde Vorhaben. Existenzgründerinnen und -gründer müssen sich auf arbeitsintensive, schwierige Anfangsjahre und wechselnde Einnahmen einstellen. Wenn alles gut läuft, gelangt man irgendwann in ruhigere Gewässer: Die Firma hat sich erfolgreich am Markt durchsetzen können und produziert stabilere Ergebnisse. Am Anfang braucht man aber je nach Konzept mehr oder weniger Startkapital, möglicherweise auch einen über die eigenen Ersparnisse hinausgehenden Unternehmenskredit, der dann monatlich zu tilgen ist. In dieser Situation ist es nicht sinnvoll, sich durch den Erwerb von Wohneigentum selbst Fesseln anzulegen, die einen örtlich sowie finanziell binden und verpflichten. Angespartes Vermögen als Anzahlung für ein Eigenheim zu investieren, statt es in die Geschäftsgründung zu stecken, ist keine schlaue Option. Wer mit seinem Unternehmen irgendwann stabil Gewinne erwirtschaftet, kann sich dann immer noch aus der deutlich entspannteren Situation heraus für Wohneigentum entscheiden.

Mieten: Das können Nachteile sein

Flexibel und ungebunden bleiben, das ist ja schön und gut. Es gibt in der gemieteten Immobilie aber auch Einschränkungen, mit denen man sich arrangieren muss.

Monatliche Mietzahlungen schaffen, wen wundert's, kein eigenes Vermögen, es sind reine Verbrauchskosten. Man spart sich also nicht „automatisch" eine Altersvorsorge an, wie es bei der Tilgung eines Immobilienkredits der Fall ist. Wer Miete zahlt und zahlen will, sollte sich also aktiv um seine Vermögensbildung beziehungsweise Altersvorsorge kümmern. Das kann zum Beispiel mit einem Kapitalsparplan klappen, den man über viele Jahre mit Selbstdisziplin am Laufen hält.

Bei der Planung eines Vermögensaufbaus sollte man auch sämtliche möglichen Kosten und Unannehmlichkeiten rund um die Mietwohnung berücksichtigen. Im Folgenden zeigen wir, wie groß die Spannbreite sein kann.

Abstand und Ablöse

Wer eine neue Mietwohnung sucht, sieht sich – insbesondere in den begehrten Lagen der Großstädte oder Ballungszentren – mit teilweise hohen Forderungen nach Abstandszahlungen oder Ablösevereinbarungen konfrontiert.

Mieter und Mieterinnen, die in Absprache mit ihrem Vermieter Nachfolger suchen, nutzen deren Wohnungssuche immer häufiger aus, um zum Beispiel ungeliebtes Mobiliar loszuwerden. Mehrere Tausend Euro werden dann für Möbel fällig, die der Nachmieter oder die Nachmieterin im schlechtesten Fall alle nicht haben will. Wer das ablehnt, erhält meist keine Möglichkeit zur Kontaktaufnahme mit dem Vermieter.

Vom moralischen Blickpunkt einmal abgesehen, muss man hier rechtlich unterscheiden: Vermieter oder Vormieterinnen und Vormieter dürfen von wohnungssuchenden Bewerbern keine Maklerprovision, Auszugsprämie oder Abstandszahlung fordern. Solche Abstandsvereinbarungen sind nach § 4a I 1 Wohnungsvermittlungsgesetz (WoVermittG) rechtlich unwirksam.

Ablösevereinbarungen hingegen sind juristisch zulässig. Sollen Möbel, Elektrogeräte oder teure Bodenbeläge, die der Vormieter nicht mitnehmen möchte, an Nachmieter übergehen, wird dafür eine Ablösesumme vereinbart. Die Ablösesumme darf aber höchstens 50 Prozent über dem

Zeitwert der Gegenstände liegen. Bei Maßanfertigungen, wie etwa bei Einbauküchen, richtet sich der Zeitwert nach dem Einkaufspreis der Möbel und Geräte zuzüglich der Kosten für Schreinerleistungen. Willigen Interessenten ein, Möbel zu übernehmen, ist die Vereinbarung bindend. Ausnahme: Die Vereinbarung wurde vor Abschluss des Mietvertrags geschlossen und der Mietvertrag kommt dann nicht zustande.

Kaution und Bürgschaft sind totes Kapital

Ob und welche Mietsicherheiten Vermieter und Mieter im Mietvertrag vereinbaren, bleibt ihnen überlassen. Kaution und Bürgschaft sind grundsätzlich beide zulässig. Der Vermieter darf nur die Mietsicherheit verlangen, die im Mietvertrag wirksam vereinbart wurde. Das Geld für eine Kautionshinterlegung ist aber erst einmal weg und steht den Mietern für den Vermögensaufbau nicht zur Verfügung.

Abhängigkeit vom Vermieter bei Reparaturen

Wir haben bei den Vorteilen auf Seite 98 gesehen, dass sich Mieter um notwendige Reparaturen mit Ausnahme von kleinen Bagatellmaßnahmen nicht selber kümmern müssen. Sie melden die Beschädigungen oder Probleme an ihren Vermieter, der dafür sorgen muss, dass sich die vermietete Wohnung in einem ordnungsgemäßen Zustand befindet. – So weit die Theorie.

Unser Tipp

Die Höhe der Mietsicherheit: Gemäß § 551 Abs. 1 BGB darf die Mietsicherheit höchstens das Dreifache der auf einen Monat entfallenden Miete ohne Betriebskostenvorauszahlungen (beziehungsweise Pauschale für Betriebskosten) betragen. Vereinbarungen, die insgesamt die gesetzlich zulässige Höhe überschreiten, sind unwirksam. Mieter und Mieterinnen können in diesen Fällen die Vereinbarung unterzeichnen und später die Leistung der Mietsicherheit verweigern beziehungsweise die bereits geleistete Mietsicherheit im laufenden Mietverhältnis zurückverlangen.

In der Praxis hängt alles vom Vermieter selbst oder von der eingesetzten Wohnungsverwaltung ab. Immer wieder kann man in den lokalen Medien lesen und im Bekannten- und Freundeskreis wilde Geschichten hören, dass die „tote" Haustürklingel auch Wochen nach der Störmeldung stumm bleibt, dass der Aufzug ständig kaputt ist, dass die Treppenhausbeleuchtung seit Wochen nicht funktioniert oder das Dach undicht ist und es hineinregnet. So kann sich ein theoretischer Vorteil in einen ganz praktischen Nachteil verwandeln, wenn der Vermieter trotz der Schadenmeldung einfach untätig bleibt.

Überraschung: Modernisierungsmaßnahmen

Als Mieterin oder Mieter kann es Ihnen passieren, dass Sie eines Tages ein Schreiben Ihrer Vermieterin oder Ihres Vermieters im Briefkasten finden, in dem Ihnen ankündigt wird, dass im ganzen Gebäude und auch in Ihrer Wohnung Modernisierungsmaßnahmen stattfinden sollen. Das hat nicht zwangsläufig gleich etwas mit Luxussanierung zu tun, um die Miete in Zukunft kräftig erhöhen zu können.

Um eine reguläre Modernisierung handelt es sich, wenn die geplanten Baumaßnahmen dazu führen sollen, dass der Wohnwert spürbar verbessert wird. So können zum Beispiel neue Fenster und Türen eingebaut werden, um den Schallschutz und die Wärmeisolierung zu verbessern. Oder die Bäder sollen modernisiert und mit einer neuen Heizung versehen werden, um den Komfort zu erhöhen und gleichzeitig den Energie- und Wasserverbrauch zu senken.

Oder es sollen im ganzen Haus neue energiesparende Heizungs- und Warmwasseranlagen installiert werden, was zu umfangreichen Baumaßnahmen führt.

Wie können Sie in so einem Fall reagieren? Zunächst vergewissern Sie sich, dass der Vermieter das vorgeschriebene Vorgehen eingehalten hat:

Alle Modernisierungsmaßnahmen, die Vermieter durchführen wollen, müssen sie mindestens drei Monate vor Beginn der geplanten Arbeiten schriftlich ankündigen.

Sie müssen darüber informiert werden, welche Arbeiten im Einzelnen geplant sind, welchen Umfang sie haben, wann die Arbeiten beginnen sollen, wie lange sie vermutlich dauern und mit welcher Mieterhöhung Sie in der Folge zu rechnen haben. Sie sollen anhand der schriftlichen Ankündigung überprüfen können, ob Sie die geplanten Arbeiten dulden müssen oder nicht.

Stehen eines Tages Handwerker vor Ihrer Wohnungstür und behaupten, sie müssten bei Ihnen Arbeiten im Rahmen einer Modernisierung durchführen, brauchen Sie diese übrigens nicht reinzulassen, wenn Ihnen diese Maßnahmen nicht mit der nötigen Frist im Voraus schriftlich angekündigt worden sind.

Was können Sie im Fall einer angekündigten Modernisierung also tun? Wenn die angekündigten Arbeiten für Sie eine „nicht zu rechtfertigende Härte" darstellen, können Sie die geplanten Maßnahmen ablehnen. Das kann beispielsweise die Belastung durch die Bauarbeiten selbst sein. Das können aber auch die Folgen der Modernisierung sein, zum Beispiel wenn die vom Vermieter angekündigte Mieterhöhung trotz der gesetzlichen Deckelung für Sie praktisch nicht mehr bezahlbar sein wird.

→ Mieterhöhung nach einer Modernisierung

Nach dem Ende der Modernisierungsmaßnahmen dürfen Vermieter die Kaltmiete erhöhen. Maximal 8 Prozent der belegten Kosten (Instandsetzungs-, Fördermittel-, Finanzierungskosten) dürfen sie auf die Jahresmiete aufschlagen.

Es gibt jedoch klare Grenzen: Innerhalb von sechs Jahren darf die Monatsmiete aufgrund von Modernisierungen höchstens um 3 Euro pro Quadratmeter steigen.

Liegt die monatliche Miete anfangs unter 7 Euro pro Quadratmeter, darf sie wegen Modernisierungen innerhalb von sechs Jahren nur um maximal 2 Euro pro Quadratmeter angehoben werden.

Hat der Vermieter in seiner Modernisierungsankündigung ganz korrekt auf die Möglichkeit eines „Härteeinwands“ hingewiesen, müssen Sie in dem Fall Ihre Begründung, warum Sie ein Härtefall sind, bis zum Ende des Monats, der auf die Ankündigung folgt, schriftlich mitteilen.

Akzeptiert der Vermieter diese nicht und kommt es zu keiner Einigung, muss letztlich ein Gericht entscheiden, ob die angekündigte Modernisierung bei Ihnen durchgeführt werden darf.

Nicht vergessen: Kündigungsrisiko

Privateigentum ist grundgesetzlich gesichert. Der Schutz ist bei Immobilien aber an wichtigen Stellen eingeschränkt. Denn auch das Recht des Mieters oder der Mieterin auf seine oder ihre Wohnung steht unter dem Schutz des Grundgesetzes.

Darf der Vermieter mir einfach so kündigen und mich rauswerfen? Nein, das darf er nicht. Wer sich Wohnraum gemietet hat, ist gesetzlich sehr gut geschützt. Was das heißt, hat der Bundestag ins Bürgerliche Gesetzbuch geschrieben: Mietverträge dürfen normalerweise nicht gekündigt werden, solange Mieter ihre Pflichten erfüllen und insbesondere ihre Miete pünktlich bezahlen.

Vermieter brauchen für eine wirksame Kündigung einen gesetzlich zulässigen Kündigungsgrund. In der Praxis am häufigsten ist sicher die Kündigung wegen Mietrückstands oder anderen schweren Vertragsverstößen des Mieters oder der Mieterin (etwa unerlaubte Untervermietung, Beleidigung des Vermieters oder unerlaubte Zutrittsverweigerung).

Kündigung bei Eigenbedarf

Wer sich vertragsgetreu verhält, muss vor allem die Eigenbedarfskündigung fürchten.

Der Vermieter braucht die Wohnung selbst und meldet Eigenbedarf an? Ist das ausreichend begründet? Der Grund kann möglicherweise nur vorgeschoben sein, was die Kündigung unwirksam machen könnte. Und wenn die Kündigung eine besondere

HÄTTEN SIE'S GEWUSST?

Nach dem Verkauf zum Beispiel einer Mietwohnung kann der neue Eigentümer häufig sofort wegen Eigenbedarfs kündigen, sobald er oder sie im Grundbuch steht.

15 000 Prozesse um Eigenbedarfskündigungen liefen 2021 allein über die Rechtsschutzversicherung des Deutschen Mieterbunds DMB. Hochgerechnet auf alle Mieterhaushalte wären das über 250 000 Eigenbedarfskündigungen, die vor Gericht gelandet sind.

Dazu kommen – vermutlich sehr viel mehr – Kündigungen, bei denen es gar nicht zum Prozess kam.

Quelle: statista/argetra

Härte darstellt, dürfen Mieter ebenfalls bleiben.

Muss sich der Vermieter in einer Notlage befinden, um wegen Eigenbedarfs kündigen zu dürfen? Nein, die Kündigung ist zwar an Voraussetzungen gebunden – eine Notlage des Vermieters gehört aber nicht dazu. Der Vermieter muss ein berechtigtes Interesse haben, das Mietverhältnis zu beenden. Das hat er dann, wenn er die Wohnung für sich, seine Familienangehörigen oder Angehörige seines Haushalts benötigt. „Benötigen" heißt nicht, dass der Vermieter oder die anderen genannten Personen ohne Dach über dem Kopf dastehen würden, könnten sie nicht in die fragliche Wohnung ziehen. Es genügt, wenn der Vermieter vernünftige und nachvollziehbare Gründe hat, die Wohnung zu nutzen.

Gründe für eine Eigenbedarfskündigung sind zum Beispiel, dass sich die Lebensumstände des Vermieters wegen Heirat oder eines Wechsels des Arbeitsplatzes geändert haben. Oder der Vermieter braucht mehr Platz, weil sich die Familie vergrößert oder er einen pflegebedürftigen Angehörigen aufnimmt.

Wenn Sie als Mieter oder Mieterin eine Kündigung erhalten, sollten Sie diese zunächst rechtlich überprüfen lassen.

Aber unabhängig davon, ob die Kündigung wirksam ist oder nicht: Der Vermieter darf den Mieter oder die Mieterin niemals einfach so vor die Tür setzen. Hierfür benötigt er einen sogenannten Räumungstitel,

Betriebskosten
Mieter und Mieterinnen sollten die Posten in ihrer jährlichen Nebenkostenabrechnung stets gut prüfen. Verbraucherzentralen und Mieterschutzorganisationen geben Tipps und helfen.

den er nur nach vorheriger Räumungsklage vor dem Amtsgericht erhält. Nehmen Vermieter eine Wohnung eigenmächtig in Besitz, so ist das eine Straftat (Hausfriedensbruch). Mieter müssen das nicht dulden. Ob das Wohnen dort dann allerdings noch angenehm oder eher zermürbend ist, sei einmal dahingestellt.

Alle Jahre wieder: Streit um die Nebenkostenabrechnung

Bei den Betriebskosten handelt es sich um alle neben der Miete entstehenden Kosten der Hausbewirtschaftung, die der Vermieter auf seine Mieter umlegen darf. Deshalb werden die Betriebskosten auch Nebenkosten genannt. Im Prinzip ist es unerheblich, welcher Begriff verwendet wird. Entscheidend ist aus Mietersicht: Der Vermieter kann nicht alle Kosten, die ihm bei der Bewirtschaftung seiner vermieteten Immobilie im Laufe eines Jahres entstehen, auf seine Mieter umlegen. Es gibt online zahlreiche Quellen von Verbraucherzentralen und Mieterschutzorganisationen, welche Nebenkosten umlagefähig sind und welche nicht.

Eine wesentliche Änderung hierbei tritt spätestens am 1. Juli 2024 in Kraft: Die Kabelanschlussgebühren für Fernsehen und Radio im Haushalt darf ein Vermieter nicht mehr mit den Nebenkosten an die Mieter durchreichen. Das Stichwort hierfür ist „Abschaffung des Nebenkostenprivilegs für Kabelgebühren". Wollen Mieterinnen und Mieter das Angebot weiter nutzen, müssen sie selbst einen Nutzungsvertrag mit den Kabelnetzanbietern abschließen und direkt bezahlen.

Mietnebenkosten sind bei den üblichen Mietverträgen mit Vereinbarung einer Nettokaltmiete keine Miete. Rechtsgrundlage für Erhöhungen ist in diesem Fall § 560 des Bürgerlichen Gesetzbuchs. Die Höhe der Betriebskosten bestimmt nicht die Vermieterin oder der Vermieter, sondern je nach Vereinbarung und Sorte der Nebenkosten der

Energieversorger, das Wasserunternehmen, die Kommune und weitere. Der monatlich zu zahlende Abschlag auf die Nebenkosten darf nach Absatz 4 der genannten gesetzlichen Regelung nur dann erhöht werden, wenn die Abrechnung fürs vergangene Jahr ergeben hat, dass die geleisteten Vorauszahlungen nicht ausreichen, um die Kosten zu decken. Die neue Vorauszahlung ist die Summe der vom Mieter zu zahlenden Nebenkosten geteilt durch die Zahl der Monate, auf die die Abrechnung sich bezieht (in der Regel zwölf). Das Thema Nebenkostenabrechnung bleibt weiterhin schwierig, es sorgt jedes Jahr erneut für zahlreiche Auseinandersetzungen zwischen Vermietenden und Mietenden.

Mieterhöhung – ein paar Beispiele

Mieterinnen und Mieter tragen das Risiko der Mieterhöhung. Grundlage für Erhöhungen ist immer die Kaltmiete ohne Betriebskosten. Wenn die Miete vor Ablauf von drei Jahren (auch später) seit Vertragsschluss um mehr als 20 Prozent (15 Prozent bei angespannter Lage) steigen soll, ist das ein Verstoß gegen § 558 Abs. 3 BGB. Eine Erhöhung um bis zu 20 (15) Prozent kann dann rechtmäßig sein, soweit die Miete zuvor 15 Monate nicht gestiegen ist.

Eine Erhöhung der monatlichen Abschlagszahlungen für umlagefähige Betriebskosten durch den Vermieter zählt übrigens rechtlich nicht als Mieterhöhung in diesem Sinne, wie wir zuvor gesehen haben. Hier wird nur der umlagefähige Anteil der Betriebskostenbeteiligung an die Mieter und Mieterinnen weitergegeben.

→ Mietstaffeln sind erlaubt

Folgende Vereinbarung ist ohne Weiteres zulässig: „Die Miete beträgt vom 1.7.2022 an 1 000 Euro pro Monat, vom 1.7.2023 an 1 050 Euro und vom 1.7.2024 an 1 100 Euro," steht dann zum Beispiel im Mietvertrag. Verträge mit einer solchen Vereinbarung heißen Staffelmietverträge.

Nicht erlaubt ist allerdings, wenn Vermieter in den Vertrag schreiben: „Die Miete steigt jedes Jahr um 3 Prozent." Das regelt das Bürgerlichen Gesetzbuchs ausdrücklich in § 557a: Die neue Miete oder die Mieterhöhung muss als Geldbetrag ausgewiesen sein. Ansonsten ist die Regelung unwirksam. Fehlt die Angabe des Betrags für spätere Jahre, dann bleiben für die ersten Jahre des Mietvertrags als Betrag angegebene Mietstaffeln aber wirksam, so der Bundesgerichtshof in seinem Urteil vom 15. Februar 2012 (Az. VIII ZR 197/11).

Dabei ist zu beachten: Die Miete muss jeweils für ein Jahr unverändert bleiben. Erst danach darf die nächste Mietstaffel fällig werden. Für Mieter und Mieterinnen erfreuliche Folge von Staffelmietvereinbarungen: Zusätzliche Mieterhöhungen sind dann ausgeschlossen. Zulässig sind weitere Erhöhungen aber wieder, wenn die Staffel ausgelaufen ist. Sobald die letzte Staffel mindestens ein Jahr gezahlt worden ist, kann der Vermieter die Miete wieder wie bei Mietverträgen sonst erhöhen.

Grenze aller Staffelmieten ist die Mietpreisbremse. Die gilt – anders als bei Indexmietverträgen, wo nur die ursprünglich vereinbarte Miete unter die Mietpreisbremse fällt – für jede der Mietstaffeln. Wenn also die erste Miete die nach Mietpreisbremse zulässige Grenze von ortsüblicher Vergleichsmiete plus 10 Prozent einhält, dann wird die nächsthöhere Miete die Grenze oft überschreiten und ist dann auf das höchstzulässige Maß zu kürzen.

Bei Indexmietverträgen hängt die Miete von den Lebenshaltungskosten ab. Die steigen. Im Einzelfall fordern Vermieter zu viel. Bei Mietverhältnissen mit Indexmietvertrag orientiert sich die Mietentwicklung ebenfalls an den Lebenshaltungskosten. Mieterhöhungen lassen sich anhand des vom Bundesamt für Statistik ermittelten Verbraucherpreisindex genau ausrechnen. Ein Beispiel für eine solche Vereinbarung im Mietvertrag: „Der vom Statistischen Bundesamt ermittelte Verbraucherpreisindex für Deutschland bestimmt den Mietzins." So lässt es § 557b des Bürgerlichen Gesetzbuchs ausdrücklich zu.

Jede Vereinbarung, die die Miete an eine andere Preisentwicklung koppelt, ist allerdings unwirksam. Ausschließlich der offizielle Verbraucherpreisindex darf Maßstab sein. Der Vorteil von Indexmietvereinbarungen: Streit um Mieterhöhungen kann es nicht geben.

Indexmieten steigen aber – anders als Staffelmieten – nicht automatisch. Erst die Erklärung des Vermieters, dass die Miete nunmehr an die Entwicklung des Verbraucherpreisindex anzupassen ist, führt zur Mieterhöhung. Auf die Zustimmung der Mieterinnen oder Mieter, wie sie bei Mieterhöhungen sonst nötig ist, kommt es dann aber nicht mehr an.

Unser Tipp

Mieterhöhung berechnen. Für alle ab 1. September 1993 mit der üblichen Indexmietklausel angemieteten Wohnungen können Sie mit unserem Onlinerechner Mieterhöhungen berechnen, deren Anforderung Ihnen nach dem 11. März 2022 zugegangen ist. Ausgangsmiete ist der Betrag, der in Ihrem Mietvertrag als Miete genannt wird – unabhängig davon, ob es eine Kalt- oder Warmmiete ist. Viele Vermieter rechnen – für Mieter in der Regel etwas günstiger – von der zuletzt geltenden Miete aus. Sie müssen dann statt des Datums des Einzugs das Datum des Tages nennen, von dem an Sie die bis zuletzt geltende Miete zahlen mussten: test.de/indexmiete.

Die Miete steigt nach Ablauf eines Monats nach Zugang der Indexmieterhöhungserklärung zum dann nächsten Monatsbeginn.

Beispiel: Die Mieterhöhungserklärung landet am Samstag den 30. März 2024 im Briefkasten der Mieterin. Ihre Miete steigt dann ab Mai 2024. Für diesen Monat ist bereits die erhöhte Miete wie im Vertrag vorgesehen – meist bis zum dritten Werktag des Monats – zu zahlen. Halten sich Mieterinnen und Mieter nicht daran, riskieren sie über kurz oder lang die Kündigung. Einzige Voraussetzung für die Mieterhöhung entsprechend Verbraucherpreisindex: Die Miete war zuvor ein Jahr lang unverändert.

Bei einer Modernisierung darf der Vermieter die Kosten der Arbeiten auf die Mieter umlegen (siehe auch Seite 104).

Beispiel: Die Vermieterin lässt ihr vermietetes Mehrfamilienhaus für 100 000 Euro dämmen. Die Gesamtwohnfläche des Gebäudes beträgt rund 1 000 Quadratmeter. 8 Prozent der Dämmkosten, also 8 000 Euro, darf die Vermieterin pro Jahr auf ihre Mieter und Mieterinnen umlegen. Die Jahresmiete erhöht sich für jeden Quadratmeter um 8 Euro. Monatlich macht das eine Erhöhung um rund 67 Cent je Quadratmeter aus (800 / 12 = 67). Mieter A, der bisher für seine 80-Quadratmeter-Wohnung 500 Euro gezahlt hat, muss nach der Dämmungsmaßnahme monatlich dauerhaft rund 54 Euro mehr zahlen.

→ BGH nimmt Vermietende nun in die Pflicht

Laut neuer Ansage vom Bundesgerichtshof (BGH, Az. VIII ZR 81/19) müssen Vermieter und Vermieterinnen sich Kosten anrechnen lassen, die sie sonst für eine Reparatur der modernisierten Bauteile hätten aufbringen müssen. Das gilt auch, wenn die Reparatur nicht sofort fällig gewesen wäre. Es muss dann der dem Grad der Abnutzung entsprechende Teil der Reparaturkosten von den Kosten der Modernisierung abgezogen werden.

Die Gerichte dürfen den Anteil der Abnutzung dabei schätzen, wie Urteile zur Modernisierung in der Praxis belegen.

Beispiel: Die Vermieterin lässt die 60 Jahre alten Fenster einer Wohnung durch solche mit Schall- und Wärmeisolierung und Sicherheitsschlössern austauschen. Das kostet 12 000 Euro.

Die alten hätten schätzungsweise noch 20 und damit insgesamt 80 Jahre gehalten, bis ein Austausch nötig ist. Der hätte 12 000 Euro gekostet. Die Vermieterin muss (12 000 / 80 Jahre) * 60 Jahre = 9 000 Euro auf die Modernisierungskosten anrechnen und darf also 11 000 Euro auf die Miete umlegen. Die Jahresmiete steigt um 8 Prozent davon, also 880 Euro, und die Monatsmiete dementsprechend um 73,33 Euro.

Beispiel: Im zuvor genannten Beispiel zahlt Mieter A vor der Modernisierung pro Quadratmeter 6,25 Euro. Außer in die Dämmung investiert die Vermieterin in bessere Badezimmer für jede der Wohnungen. Insgesamt kostet die Modernisierung nun 500 000 Euro.

Die Vermieterin kann also insgesamt 40 000 Euro pro Jahr und 40 Euro je Quadratmeter auf die Mieter umlegen. Macht pro Monat und Quadratmeter: 3,33 Euro – zu viel. Die Miete von Mieter A darf um höchstens 2 Euro auf 8,25 Euro steigen.

Mieter B, der für die ebenfalls 80 Quadratmeter große Dachgeschosswohnung bisher 7,70 Euro je Quadratmeter gezahlt hat, muss nun 10,70 Euro je Quadratmeter und damit insgesamt 856 Euro statt der bisherigen 616 Euro monatlich an die Vermieterin überweisen.

Bei Luxussanierungen schließlich können Mieter eine Modernisierung komplett stoppen. Immer ist es zulässig, Wohnungen auf den heute üblichen Standard zu bringen – auch wenn schon das zu einer drastischen Mieterhöhung führt. Auch Verbesserungen über den Standard hinaus können zulässig sein.

Beispiel: Ein Vermieter will in einen einfachen Altbau Badezimmer mit schicken italienischen Fliesen sowie teuren Design-Wannen, -Becken und -Armaturen einbauen. Das ist übertrieben. Die Mieter und Mieterinnen müssen sich das nicht gefallen lassen. Wo die Modernisierung aufhört und der Luxus anfängt, ist im Einzelfall aber schwer zu sagen. Die Miete darf allerdings nicht stärker steigen, als es den Mietenden zumutbar ist. Erscheint ihnen die Modernisierungsmieterhöhung als Härte, die sich auch bei Würdigung der berechtigten Interessen des Vermieters nicht rechtfertigen lässt, hat sie zu unterbleiben. Soll das Haus jedoch nur auf den inzwischen üblichen Standard gebracht werden, darf der Vermieter das, auch wenn es die Mietenden hart trifft. Das Gleiche gilt, wenn die Arbeiten aus Gründen nötig sind, die der Vermieter nicht zu verantworten hat.

Etwas mehr Spielraum haben Vermieter bei sogenannten kleinen Modernisierungen, die pro Wohnung nicht mehr als 10 000 Euro kosten. Der Vermieter muss die Bauarbeiten zwar wie bei einer normalen Modernisierung spätestens drei Monate vor Beginn ankündigen und dem Mieter die zu erwartende Erhöhung mitteilen. Aber er muss in der Ankündigung keine Angaben mehr zu künftigen Betriebskosten machen. Der Vermieter braucht die in der Modernisierung enthaltenen „Erhaltungsmaßnahmen" nicht zu benennen. Im vereinfachten Verfahren reicht es, wenn er pauschal 30 Prozent von den Gesamtkosten der Modernisierung für Erhaltungsarbeiten abzieht, bevor er sie auf die Mietenden umlegt.

Bei einer kleinen Modernisierung kann der Mieter nicht mehr einwenden, die erhöhte Miete stelle für ihn eine besondere Härte dar.

→ Kosten durch mehrere Modernisierungen?

Hat ein Vermieter etwa 2019 die Miete im vereinfachten Verfahren erhöht, ist in den folgenden fünf Jahren eine Erhöhung wegen einer „normalen" Modernisierung (§ 559 Bürgerliches Gesetzbuch) ausgeschlossen. Eine wichtige Ausnahme gilt für vermietete Eigentumswohnungen: Hier sind Mieterhöhungen für „normale" Modernisierungen nur zwei Jahre lang ausgeschlossen.

Ärger mit Modernisierungen?

Mieter und Mieterinnen können unter Umständen Schadenersatz verlangen oder die Miete mindern, wenn sich Vermietende bei Modernisierungsarbeiten pflichtwidrig verhalten. Ein solches Fehlverhalten kann etwa sein:

- Monatelanges Verhängen von Fenstern mit einer blickdichten Plane, ohne dass ein Baufortschritt zu erkennen ist;
- das längerfristige Abstellen von Wasser;
- das langfristige Aushängen der Haustür;
- laute Bauarbeiten, die ohne Grund sehr früh morgens oder sehr spät ausgeführt werden (Betroffene sollten ein Lärmprotokoll führen).

Ein schuldhaftes Verhalten des Vermieters wird in solchen Fällen vermutet. Vermieter können die Vermutung aber entkräften, wenn sie nachvollziehbare Gründe nennen, warum zum Beispiel die Bauarbeiten so früh oder so spät stattfanden. Absichtliches „Herausmodernisieren" kann jetzt auch mit einer Geldbuße von bis zu 100 000 Euro bestraft werden. Allerdings ist es nicht leicht, Vermietern Absicht nachzuweisen.

Führt die Modernisierung zu einer Miete, die für Sie eine besondere Härte darstellt, müssen Sie zwar die Modernisierung dulden. Der Vermieter muss aber auf die Mieterhöhung verzichten und wird daher die Modernisierung vielleicht absagen.

Verbot von Haustieren

Ein Vermieter kann das Halten bestimmter Haustiere in manchen Fällen untersagen. Pauschale Verbote aller Arten von Haustieren im Mietvertrag sind allerdings unwirksam. Kleintiere, von denen keinerlei Belästigungen anderer Mieter oder Gefahren für die Mietsache ausgehen, dürfen Mieter in angemessener Zahl ohne Genehmigung des Vermieters halten. Daher sind Zierfische und Hamster in der Regel unproblematisch.

Bei Ratten und lärmenden Kanarienvögeln kann dies schon wieder anders aussehen. Komplizierter ist die Rechtslage bei Katzen und Hunden. Hier sollten Sie vorab die Zustimmung des Vermieters einholen und bei entsprechender Verweigerung zunächst die Rechtslage prüfen lassen. Wilde oder gar gefährliche Tiere bedürfen in jedem Fall der Erlaubnis.

Kaufen: Das sind die größten Vorteile

Neben dem guten Gefühl, in den eigenen vier Wänden zu wohnen, gibt es einen großen Vorteil gegenüber dem Mieten: Unabhängigkeit und dadurch mehr Gestaltungsfreiheit.

Vor allem Menschen, die es lieben, ihre Umgebung zu gestalten, genießen die deutlich größere Freiheit im Eigenheim, sich selbst und ihre Wohnträume zu verwirklichen. Es ist letztlich eine Frage des Lebensgefühls: Das ist meins, und ich kann hier tun und lassen, was ich möchte, ohne dass mir jemand reinredet. Wenn ich möchte, kann ich hier auch selbst Hand anlegen und basteln und werkeln. Wenn Ihnen das wichtig ist, sind Sie der Eigenheimtyp.

Ist Ihnen das letztlich nicht so wichtig oder empfinden Sie es vielleicht sogar als Belastung, wenn Sie sich um die Erneuerung der Fassade kümmern müssen oder um die schlecht schließenden Fenster? Ist so etwas womöglich doch nicht so Ihr Ding? Vielleicht machen Sie lieber Sport und gehen ins Theater oder auf Reisen, statt mit der Klempnerin zu fachsimpeln, sich in die Funktionsweise von Photovoltaikanlagen hineinzudenken oder schon wieder dem Elektriker hinterherzutelefonieren? Die Gestaltungsfreiheit geht häufig mit Arbeit einher – die den einen Spaß macht, den anderen weniger.

Größere Gestaltungsfreiheit

Was die meisten als positiv empfinden, sind die fast immer erheblich größeren Spielräume und Möglichkeiten bei der Ausgestaltung des eigenen Zuhauses. Selbst in der eingeschränkten Freiheit der Eigentumswohnung kann man innerhalb seines sogenannten Sondereigentums schalten und walten, wie man möchte.

Eine moderne Badeinrichtung? Kein Ding, wenn Sie das Geld dafür haben. Fußbodenbeläge austauschen, Innentüren ersetzen, andere Armaturen für Küche und Bad, ein maßgefertigtes Hochbett im Kinderzimmer ... Den eigenen Lebensraum kann man weitgehend frei gestalten, ohne dass ein Vermieter gegen die Veränderung seines Eigentums Einspruch erhebt – und man beim Auszug schlimmstenfalls zur Wiederherstellung des ursprünglichen Zustands gezwungen wird. Im Eigenheim mit Garten hat man dann noch einmal mehr Möglichkeiten, das Zuhause im Lauf der Zeit an sich verändernde Ansprüche anzupassen und umzugestalten, ohne dass man die gewohnte Umgebung verlassen muss.

Abenteuer
Kinder brauchen Freiräume und viel frische Luft. Da ist ein eigener Garten perfekt: Kreativität und Forschungsdrang kommen hier nicht zu kurz: ob Hochbeet bauen, Igel beobachten und mehr.

Für Mieter heißt die Konsequenz in solchen Fällen in der Regel: neues Zuhause suchen und umziehen, was wiederum mit hohen Kosten verbunden sein kann.

Wohlbefinden beflügelt

Neben der größeren Gestaltungsfreiheit sorgt das befriedigende Gefühl, „etwas Eigenes" zu besitzen meist dafür, dass man auch gerne mehr Zeit und Geld in sein Eigenheim investiert als Mieter in ihr Zuhause. Schließlich trägt man damit dazu bei, das Eigentum zu erhalten und zu verbessern, was zum Werterhalt oder sogar zur Wertsteigerung der eigenen Immobilie führt. Oder – wie viele Eigenheimbesitzer nicht ohne Stolz und Freude sagen: „An unserem Haus und Garten gibt es ständig was zu tun!"

Es wird in Umfragen und auch im privaten Umfeld immer wieder bestätigt, dass sich Eigentümer und Eigentümerinnen, die im eigenen Haus oder der eigenen Wohnung wohnen, sich als wohlhabender empfinden als Menschen in Mietwohnungen mit vergleichbarem Haushaltseinkommen. Und das trotz der Tatsache, dass die Immobilie in den ersten Jahren zum Großteil faktisch noch den Kreditgebern gehört, wie das Grundbuch belegt. Das Gefühl, sagen zu können: „Ich wohne in meinen eigenen vier Wänden" erhöht meist das Selbstbewusstsein.

Gleiches lässt sich bei den Reaktionen von Bekannten, Freunden und Kollegen beobachten, wenn es um das Thema Wohnen geht. Das soziale Prestige ist bei Eigenheimbesitzern häufig größer als bei Mietern. Man leistet sich vielleicht nicht das neueste Auto der Edelmarke XY (dessen Wertverlust ab dem Tag des Kaufs rapide einsetzt), sondern investiert langfristig in sein Eigenheim. Das ruft bei Familie und Freunden vor allem in bürgerlichen Kreisen in der Regel mehr Anerkennung hervor, als wenn ein Mieter mit dem neuen Luxuswagen vorfährt. Mit diesem Sozialprestige locken zum

Beispiel auch ganz gezielt die Werbekampagnen einiger Bausparkassen.

Und es wirkt innerhalb der Generationen von Familien: Viele Eltern und/oder Großeltern unterstützen Kinder beziehungsweise Enkel mit finanziellen Zuschüssen, wenn es um den Erwerb der ersten Wohnung oder den Bau des neuen Eigenheims geht. Würden die Kinder oder Enkel stattdessen bei ihren Eltern oder Großeltern um eine substanzielle Unterstützung beim Aufbau eines Aktiendepots, dem Erwerb von Investmentfonds oder anderer Kapitalmarktanlagen anklopfen, wäre die Antwort wohl in den seltensten Fällen so positiv. Wohneigentum gilt immer noch als solide Wertanlage und als Motivation für die Erwerber, ihre Ausgaben künftig nicht nur in den Konsum zu stecken, sondern verantwortungsbewusst mit dem Aufbau eines eigenen Vermögens zu beginnen. Und Schenkungen innerhalb des engsten Familienkreises können helfen, Erbschaftssteuern bei einem zukünftigen Erbfall zu reduzieren.

Gefühl der Sicherheit

„Eigenbedarfskündigung? Streit mit dem Vermieter? Plötzliche Mieterhöhungen? Kenne ich nicht. Solange ich meine Raten an den Kreditgeber bezahle, kann mich niemand aus meinem Zuhause vertreiben." So argumentieren vielerorts die Bewohner und Bewohnerinnen der selbst genutzten Immobilien. Die Kreditraten sind in der Regel über zehn und mehr Jahre festgeschrieben. Und von erhöhten Bewirtschaftungskosten für Wasser und Energie sind Mieter und Mieterinnen genauso betroffen, das macht also keinen Unterschied.

Konsequenter Vermögensaufbau

Ganz wesentlich in der langjährigen Bilanz ist: Die selbst auferlegte Verpflichtung, den aufgenommenen Kredit über viele Jahre abzuzahlen, sorgt für eine hohe Disziplin beim Aufbau eines Vermögens in Form von Wohneigentum. Man baut mit den laufenden Beiträgen zur Tilgung des Darlehens Vermögen auf, wohnt gleichzeitig in seiner Kapitalanlage und kann sich täglich daran erfreuen. Und wenn sich die Einkommenssituation und andere finanzielle Belastungen über die Jahre verändern und magere Zeiten durchzustehen sind? Man kann die Zahlungen an den Kreditgeber nicht einfach reduzieren oder ganz einstellen, weil man sonst Gefahr läuft, das bisher Erreichte unter erheblichen Verlusten („Zwangsversteigerung") aufgeben zu müssen. Diese Engpässe zu meistern ist dann das Ziel, oft mit Erfolg.

Ob Mieterhaushalte ähnlich strikt Geld beiseite legen? Vermutlich investieren eher weniger vergleichbar konsequent über 20 bis 30 Jahre freiwillig jeden Monat einen ebenso hohen Anteil ihres Einkommens in den Vermögensaufbau. Die Phasen, in denen man Sparbeiträge mal reduziert oder für einen gewissen Zeitraum aussetzt, können verlockend sein.

Vermietung
Werden die Zeiten ruhiger, weil die Kinder längst aus dem Haus sind, kann man zum Beispiel auch Zimmer vermieten, und sei es nur auf Zeit.

Vermieten jederzeit möglich

Wenn die Kinder dauerhaft ausgezogen sind, wenn Sie befristet für einige Zeit den Wohnort wechseln wollen oder müssen oder wenn Sie sich für einige Zeit etwas finanzielle Unterstützung organisieren wollen, können Sie sich im Wohneigentum immer dafür entscheiden, Zimmer oder eine Einliegerwohnung zu vermieten, und sei es für eine begrenzte Zeit.

Oder Sie vermieten Ihre ganze Wohnung oder Ihr Haus für einen definierten Zeitraum, weil Sie anschließend selbst wieder einziehen wollen. Ihr Vorteil: Sie müssen nicht befürchten, dass Ihnen ein Vermieter einen Strich durch die Rechnung macht, und Sie können sich sicher sein, dass Ihnen die Wohnung in begehrter Lage oder das geliebte Eigenheim erhalten bleibt. Allerdings sollten Sie bei einem befristeten Mietvertrag einige Dinge beachten, damit Sie keine Überraschung erleben, wenn Sie in Ihr Zuhause zurückkehren möchten.

Mögliche Wertsteigerungen

Ein schöner Aspekt beim Eigenheim ist die Aussicht, dass der Wert der eigenen Immobilie langfristig steigt, sodass man bei einem Verkauf einen satten Gewinn erzielen kann. Ob sich eine signifikante Wertsteigerung ergibt, hängt aber von zahlreichen Faktoren ab. Und es geht längst nicht immer nach oben wie zuletzt im Immobilienboom von 2010 bis 2022. In der Vergangenheit gab es auch längere Phasen, in denen die Immobilienpreise stagnierten oder zeitweise sogar sanken. Nach dem Ende des letzten Booms kam es am Immobilienmarkt sogar zu starken Preisrückgängen. Besonders trifft dieser ältere Immobilien, die energetisch auf einem mangelhaften Stand sind.

Nicht vergessen darf man, dass beim Kauf Nebenkosten entstehen, die bis zu 12 Prozent des Kaufpreises ausmachen können. Diese Kosten müssen Eigentümer über die Wertsteigerung erst einmal wieder hereinholen.

Immobilien als Inflationsschutz

Ein grundlegender Vorteil ist: Mieten steigen über die Jahre, die festgeschriebenen Konditionen für die Abbezahlung eines Immobilienkredits bleiben über Jahre stabil. Die monatlichen Raten bleiben konstant, egal, wie hoch die Inflation ist.

Auch die potenziellen Wertsteigerungen können sich über die Jahre zusätzlich als Schutz vor Inflation erweisen.

Dass diese Rechnung meistens aufgeht, hat 2023 eine große Studie der Deutschen Bank bestätigt: In der hat das Geldinstitut ausgewertet, wie sich die Immobilienpreise in verschiedenen Ländern in den vergangenen 50 Jahren entwickelt haben. Das Ergebnis: „Von 1970 bis 2022 übertraf der Anstieg der Hauspreise in allen 16 Ländern die Inflation, und zwar deutlich."

Manchmal braucht man viel Geduld und Zeit, bis die Rechnung aufgeht.

Manchmal braucht man aber viel Geduld und Zeit, bis die Rechnung aufgeht. Zwischen 1995 und 2012 beispielsweise fielen die Kaufpreise in Deutschland zwischenzeitlich sogar, durchschnittlich gab es keine oder nur unwesentliche Preissteigerungen. Ein Käufer musste im ungünstigsten Fall 17 Jahre warten, bis er wenigstens den bezahlten Preis wieder am Markt erzielen konnte.

Vorteil durch Mietersparnis

In den ersten Jahren nach dem Kauf zahlt man als Eigentümer oder Eigentümerin meist mehr an die kreditgebende Bank, als der Mieter oder die Mieterin im vergleichbaren Fall monatlich für die Miete aufbringen muss. Im Laufe der Jahre dreht sich das allerdings, weil die Mieten steigen, während die Zinsbelastung durch die zunehmende Entschuldung sinkt und ein immer größerer Teil der Kreditrate in den Vermögensaufbau fließt. Spätestens nach der Tilgung des Kredits müssen Eigentümer fürs Wohnen in der Regel deutlich weniger ausgeben als ein Mieter für eine vergleichbare Wohnung.

Schutz vor Mieterhöhungen

Auf das Risiko von Mietsteigerungen sind wir ausführlich bei den Nachteilen der Mietwohnung (siehe Seite 102) eingegangen. Diesen Ärger hat man als Eigentümer oder Eigentümerinnen und Selbstnutzende natürlich nicht. Finanzielle Risiken durch Erhöhung der Monatsraten zur Abbezahlung des Immobilienkredits können einen nur treffen, wenn nach Ablauf der ersten Zinsbindungszeit noch ein großer Schuldenberg besteht, für den man plötzlich deutlich höhere Zinsen berappen muss. Dieses Risiko lässt sich aber durch eine lange Zinsbindung deutlich verringern oder sogar ausschließen.

Steuervorteile

Die eigenen vier Wände bieten einen oft unterschätzten Steuervorteil: Sämtliche Erträge, die Mietersparnis und mögliche Wertsteigerungen, bleiben steuerfrei, während andere Geldanlagen steuerpflichtig sind. Beim Verkauf einer selbst genutzten Immobilie erzielte Gewinne sind steuerfrei, auch wenn man das Haus oder die Wohnung bereits vor Ablauf von zehn Jahren nach dem Erwerb wieder veräußert.

Genauer gesagt gilt das, wenn die eigene Immobilie

- im Zeitraum zwischen Anschaffung oder Fertigstellung und Veräußerung ausschließlich zu eigenen Wohnzwecken (§ 23 Abs. 1 Satz 1 Nr. 1 Satz 3 EStG, erste Alternative) oder
- im Jahr der Veräußerung und in den beiden vorangegangenen Jahren zu eigenen Wohnzwecken genutzt wurde (§ 23 Abs. 1 Satz 1 Nr. 1 Satz 3 EStG, zweite Alternative).

Bei anderen Geldanlagen sind hingegen auf Gewinne Kapitalertragssteuern abzuführen, sobald sie den Steuerfreibetrag von 1000 Euro im Jahr (2000 Euro für Ehepaare) übersteigen.

Immobilie verschenken oder vererben

Das selbst genutzte Eigenheim ist zudem bei der Schenkungs- und der Erbschaftssteuer privilegiert.

Ist das Familienheim der Lebensmittelpunkt der Familie, fällt bei einer Schenkung an den Ehegatten keine Schenkungssteuer an. Für Kinder gilt dieses Privileg nicht.

Im Erbfall greifen für Ehegatten und auch für erbende Abkömmlinge bestimmte Verschonungsregeln. Die Voraussetzungen, um dieses Steuerprivileg für das Familienheim im Erbfall nutzen zu können, sind:

Der Ehepartner oder eingetragene Lebenspartner muss anschließend für mindestens zehn Jahre selbst darin wohnen. Dann bleibt er oder sie – ganz unabhängig vom Wert der Immobilie – komplett von der Erbschaftssteuer fürs Familienheimbefreit.

Der Erblasser oder die Erblasserin muss als Eigentümer oder Eigentümerin der Immobilie im Grundbuch eingetragen gewesen sein und die Immobilie als Familienheim genutzt haben. Der überlebende Ehegatte muss auch zivilrechtlich Eigentum an der Familienwohnung erwerben.

Kinder können das Familienheim ebenfalls steuerfrei erben, wenn sie anschließend mindestens zehn Jahre lang darin wohnen bleiben. Sie müssen dazu unverzüglich, normalerweise binnen sechs Monaten nach dem Erbfall, in die Immobilie einziehen (BFH-Urteil vom 28. Mai 2019, Az. II R 37/16).

Steuerfrei ist die Übertragung nur für eine Wohnfläche bis zu 200 Quadratmetern.

Achtung: Verstoßen Erben aber gegen diese Auflagen, wird im Nachhinein noch Erbschaftssteuer fällig.

Kaufen: Welche Nachteile kommen für mich ins Spiel?

Ein Immobilienkauf birgt Risiken. Wer sie kennt, kann einige davon minimieren. Andere betreffen Sie vielleicht nicht, weil Ihr Job sicher ist und Sie langfristig im neuen Zuhause bleiben.

All das angesparte Geld in eine Immobilie zu stecken und gleichzeitig noch ein Darlehen aufzunehmen, das über viele Jahre durch monatliche Ratenzahlungen abgestottert werden muss, fühlt sich für viele Menschen wie ein Risiko an.

Ein hohes Risiko ist mit einem Immobilienkauf in der Regel nur dann verbunden, wenn die Finanzierung von Anfang an auf schwachen Füßen steht. Würde dann tatsächlich etwas schiefgehen, können die Folgen gravierend sein. So ist bei einem notwendigen Verkauf nach kurzer Zeit die Verlustgefahr allein schon wegen der hohen Kaufnebenkosten besonders hoch. Die sind dann weg und können noch nicht durch einen gestiegenen Wert der Immobilie beim Verkauf ausgeglichen werden. Sie sollten die Wohnung oder das Haus deshalb aller Voraussicht nach mindestens zehn Jahre nutzen können.

Mieter und Mieterinnen könnten hingegen übriges Geld in ihre Altersvorsorge stecken, diese auf mehrere Säulen stellen, um damit mögliche Risiken geschickt zu entschärfen.

Ein Klumpenrisiko

Stecken Sie als Käufer Ihre gesamten Ersparnisse und das, was monatlich von Ihrem Einkommen übrig bleibt, in eine einzige Immobile zur Selbstnutzung, gehen Sie damit ein sogenanntes Klumpenrisiko ein. Ihr finanzielles Wohl und Wehe hängt dann allein davon ab, dass diese Investition auch wirklich Rendite bringt. Sollten die Preise auf dem Immobilienmarkt einbrechen, wird es schwierig, Ihre Immobilie wieder zu Geld zu machen, ohne dass Sie dabei finanzielle Verluste hinnehmen müssen. Wie schnell sich für die Gewinner des Immobilienmarkts der letzten 15 bis 20 Jahre das Blatt wenden kann, haben wir bereits im ersten Kapitel beschrieben. Wer also seine Wohnung oder sein Haus jetzt verkaufen muss oder will, muss sich mit deutlich niedrigeren Verkaufspreisen zufriedengeben als noch 2021.

Wenn Sie langfristig in Ihrem neuen Zuhause bleiben, können Sie solche Preiseinbrüche auf dem Immobilienmarkt aber erst einmal ganz einfach überbrücken. Das Risiko, bei einem Verkauf am Ende Verluste hinnehmen zu müssen, ist dann bedeutend geringer.

Auch aus anderen Gründen kann der Wert Ihrer Immobilie sinken – etwa wenn Ihre Straße plötzlich zur Hauptverkehrsstraße wird, sich herausstellt, dass im Grundstück oder Gebäude Altlasten stecken, der letzte Supermarkt Ihr Dorf verlässt, der Zug nicht mehr hält oder das Flüsschen in der Nähe häufiger über die Ufer tritt und Ihr Haus unter Wasser setzt. Diese Liste lässt sich problemlos fortsetzen. Deshalb ist es so wichtig, dass Sie bei einem Kauf Ihr neues Traumobjekt nüchtern auf solche möglichen Risiken prüfen – soweit das im Vorfeld machbar ist.

Wer mietet und seine Ersparnisse plus die monatlichen Sparraten langfristig und breit gestreut anlegt, etwa in internationale Aktienfonds und/oder ETF und Zinsanlagen, verteilt sein finanzielles Risiko wesentlich gleichmäßiger und kann in Notlagen flexibler reagieren.

Risiko Arbeitslosigkeit

Wer den größten Teil seiner Geldmittel in eine Immobilie steckt und monatlich einen Kredit abzahlt, kann durch eine Arbeitslosigkeit oder Arbeitsunfähigkeit schnell an seine finanziellen Grenzen stoßen. Klar, die Wahrscheinlichkeit, dass Sie arbeitslos werden, ist geringer, wenn Sie einen sicheren Job haben oder aber einen gefragten Beruf, in dem sich leicht eine neue Stelle in Ihrer Region finden lässt. Eine wirtschaftliche Notlage durch Arbeitsunfähigkeit können Sie durch eine Berufsunfähigkeitsversicherung (BU) abfedern. Wenn der Job aber doch weg sein sollte und Sie Ihre Kreditraten nicht mehr bedienen können, droht eine gerichtlich angeordnete Zwangsversteigerung: Die ist meist das letzte Mittel, wie der Kreditgeber an sein Geld kommen will, wenn Sie Ihre Kreditraten nicht mehr bezahlen können und alle gütlichen Einigungsversuche bereits gescheitert sind. Für die Eigentümer ist das nicht nur emotional, sondern auch finanziell ein erheblicher Verlust: Beim ersten Versteigerungstermin wird ein Zuschlag bereits erteilt, wenn das höchste Gebot bei mindestens 50 Prozent des zuvor gutachterlich ermittelten Verkehrswerts plus der im Grundbuch eingetragenen Verpflichtungen und eventueller Zahlungsrückstände liegt.

Und schnell geht es auch nicht, wenn man sich von der Last befreien (lassen) will: In der Praxis laufen die Verfahren, die eigentlich innerhalb von sechs Monaten abgeschlossen sein sollen, realistisch eher 18 Monate bis zum ersten Zwangsversteigerungstermin. Im Durchschnitt dauern die Verfahren in der Praxis durchschnittlich zwei Jahre.

Reparatur- und Sanierungskosten

Alle fälligen Reparatur-, Sanierungs- und Renovierungskosten müssen von den Eigentümern bezahlt werden. Je älter das Haus wird, desto höher ist das Risiko von notwendigen Erhaltungsmaßnahmen. Besonders im eigenen Haus kann da schnell mal ein Schaden von mehreren Tausend bis Zehntausend Euro entstehen, die man dann kurzfristig aufbringen muss. Zwar kann man auch als Mieter indirekt an diesen Kosten beteiligt werden, die Höhe ist aber gesetzlich gedeckelt (siehe Seite 98).

Höherer Zeitaufwand

Bei dem laufenden Unterhalt der Wohnung oder des Häuschens geht es nicht nur ums Geld: Als Eigentümerin oder Eigentümer müssen Sie durchschnittlich mehr Zeit in Ihr Zuhause investieren, als wenn Sie zur Miete wohnten. Auch ist häufig der Verwaltungs- und bürokratische Aufwand größer. Allein schon die Zeit, die es kostet, passende Handwerker zu finden, zu beauftragen und nach Abnahme zu bezahlen, kann sich ganz erheblich ausdehnen. Und wo man als Mieter oder Mieterin bei einem technischen Problem die Hausverwaltung oder den Vermieter anruft, damit diese sich darum kümmern, werkelt man im eigenen Zuhause normalerweise deutlich mehr selbst, um den ganzen Organisationsaufwand zu sparen und die Kosten so niedrig wie möglich zu halten.

Weniger Flexibilität

Als Eigentümer sind Sie in der Regel langfristig an das erworbene Raumangebot gebunden. Das kling sehr sperrig, ist aber ein wichtiger Aspekt. Aus dem Eigenheim zieht man nicht so leicht in eine größere Wohnung oder ein größeres Haus wie ein Mieter – und umgekehrt auch nicht in ein kleineres Zuhause, wenn zum Beispiel die Kinder erwachsen und berufstätig sind. Dann leben ältere Ehepaare nicht selten allein auf 120 und mehr Quadratmetern. Das Motto heißt dann oft „Aus meinem Haus, das ich mit meiner Arbeit und meinem Lohn selber verdient habe, bringt mich niemand raus!" – auch wenn Familienangehörige und Nachbarn nur zu deutlich sehen, dass sie das Haus selber gar nicht mehr in Schuss halten können, geschweige denn das Zuhause seniorengerecht ist.

Die laufenden Kosten für den Unterhalt des nun überdimensionierten Zuhauses bleiben aber nahezu unverändert und steigen mit der Zeit sogar noch weiter an, weil zum Beispiel die Heizungsanlage und der Dämmstatus des Gebäudes völlig veraltet sind.

Wenn Sie als Mieter oder Mieterin umziehen wollen oder müssen, reicht es, die Kündigung schriftlich einzureichen.

Nach Ablauf der Kündigungsfrist übergeben Sie die Schlüssel für die besenrein geräumte Wohnung an den Vermieter oder die Vermieterin.

Nach einiger Zeit kommt meist noch eine Schlussabrechnung der Betriebskosten bis zum Auszugstermin, und Sie können sich auf die Rückzahlung der Mietkaution freuen, wenn alles ordnungsgemäß abläuft. Das war‘s dann schon.

Risiko Trennung
Wenn es in Ihrer Partnerschaft bereits kriselt, ist ein gemeinsamer Immobilienkauf eher nichts für Sie.

Als Eigenheimbesitzer haben Sie zumindest deutlich mehr Aufwand, um einen passenden Mieter oder sogar einen Käufer für Ihr Zuhause zu finden.

Harte Konsequenzen bei Trennung und Scheidung

Beim Einzug ins neue Eigenheim herrscht meistens noch Euphorie, als Paar hat man ein privates Großprojekt gemeinsam gestemmt und blickt optimistisch in die Zukunft. Aber ganz gleich, ob die neuen Bewohner verheiratet sind oder nicht: Bei einer späteren Trennung sind die Folgen oft schmerzhaft. Deshalb sollten Sie sich am besten einigermaßen sicher sein, dass Sie als Paar eine lange gemeinsame Zukunft haben werden, wenn Sie die Immobilie zu zweit kaufen. Wenn Sie dagegen den Immobilienkauf angehen, in der Hoffnung, mit diesem gemeinsamen Projekt Ihre bereits kriselnde Partnerschaft zu retten, kann das schnell schiefgehen.

Bei einer Trennung muss die Immobilie oft verkauft werden, weil das Geld sonst nicht reicht, um zwei Haushalte zu finanzieren. Und wenn bei der Eintragung ins Grundbuch nicht eindeutig geregelt wurde, welche Anteile am Immobilieneigentum den beiden Partnern zustehen, ist zusätzlicher Streit programmiert. Noch besser ist es, bereits vor dem Kauf und der Kreditaufnahme verbindliche Regelungen für den Trennungsfall festzulegen.

Das Finanzamt hält bei Trennung die Hand auf

Wenn bei einer Trennung die Partner die Immobilie verkaufen oder einer auszieht und dann dem anderen seinen Anteil verkauft, kann der daraus erzielte Gewinn steuerpflichtig sein. Dies gilt grundsätzlich, wenn seit dem gemeinsamen Erwerb der Immobilie noch keine zehn Jahre vergangen sind.

Der Fall: Ein Ehepaar erwarb 2008 ein Haus und lebte darin mit dem gemeinsamen Sohn. Als es in der Ehe kriselte, zog der Mann 2015 aus. 2017 verkaufte er seinen Anteil an die ehemalige Partnerin. Diesen Verkauf innerhalb von zehn Jahren nach Erwerb wertete das Finanzamt als steuerpflichtiges privates Veräußerungsgeschäft – und bekam vor Gericht auch Recht damit.

Ein Gewinn wäre steuerfrei geblieben, wenn der Mann die Immobilie durchgängig zu eigenen Wohnzwecken genutzt hätte. Hätte der Mann also im Jahr des Verkaufs und in den beiden vorangegangenen Jahren in dem Haus gelebt, hätte das Finanzamt keine steuerlichen Ansprüche stellen können. Nur weil er weit vor dem Verkauf ausgezogen war, wurde er steuerpflichtig.

Ziehen Sie also nach einer Trennung aus dem gemeinsamen Eigenheim aus und sind seit dem Erwerb noch keine zehn Jahre vergangen, versuchen Sie, einen steuerpflichtigen Verkauf zu vermeiden und mit dem Ex-Partner eine einvernehmliche Lösung zu finden. Mithilfe eines Anwalts können Sie zum Beispiel festlegen, wie hoch eine Nutzungsentschädigung sein sollte, die der in der Immobilie verbleibende Partner für den Wohnvorteil zahlen muss.

Wichtig: Wer hat wie viel Geld und Arbeit eingebracht?

Die Partner können meist unterschiedliche Summen als Startkapital für den Immobilienerwerb einbringen. Wenn einer der Partner auch noch kräftige finanzielle Unterstützung aus der Familie oder aus einem Erbe zuschießen kann, sind die Beiträge zum Eigenkapital sehr unterschiedlich. Lassen Sie im Grundbuch eintragen, wem zu welchen Anteilen das Eigentum gehören wird. Vergessen Sie bei der Ermittlung der

Checkliste

Tipps für Paare

- ☐ Besonders unverheiratete Paare sollten getroffene Vereinbarungen schriftlich in einem Partnerschaftsvertrag festhalten, am besten mit anwaltlicher Beratung.
- ☐ Verheirateten Paaren kann so ein Vertrag helfen, Streitigkeiten zu vermeiden. Es geht dabei nicht nur ums Geld, sondern auch um Fragen wie: Wer darf im Fall der Trennung im Eigenheim wohnen bleiben? Wer muss ausziehen?
- ☐ Legen Sie im Vertrag fest, dass bei Trennung eine Teilungsversteigerung vermieden wird. Besser ist, wenn Sie die gemeinsame Immobilie selbst verkaufen und den Erlös zum Beispiel im Verhältnis Ihrer gezahlten Anteile aufteilen. Bei Teilungsversteigerungen werden kaum Höchstwerte erzielt, die sich die Partner dann teilen müssen. Ein regulärer Verkauf bringt oft bessere Ergebnisse.

Anteile nicht, wer welche Kaufnebenkosten bezahlt hat. Die beiden Beiträge für Eigenkapital plus Nebenkosten ergeben dann jeweils den prozentualen Eigentumsanteil an der Immobilie.

Zusätzlich ist es nur fair, zu berücksichtigen, welche Beiträge beide Partner in den folgenden Jahren jeweils zur monatlichen Kreditrückzahlung beitragen – dabei sollten Sie es aber auch berücksichtigen, falls einer von Ihnen beruflich kürzer tritt, um sich stärker um die Kinder zu kümmern. All das lässt sich nur schwer bereits bei der Grundbucheintragung festlegen – denn das würde bedeuten, dass Sie eine Prognose über die zu leistenden Zahlungen der nächsten 10, 20 oder 25 Jahre treffen müssten. Man kann aber vertraglich festhalten, wie im Fall einer Trennung die bis dahin geleisteten Kreditraten angerechnet werden sollen.

Haftung beim Kreditvertrag

Rechtlich ist das ganz einfach: Wer den Kreditvertrag unterschrieben hat, ist Vertragspartner, haftet also für die Erfüllung. Konsequenz: Stehen beide Ehepartner im Kreditvertrag, kann die kreditgebende Bank von beiden Partnern verlangen, die volle Kreditrate zu begleichen. Warum also nicht von Anfang an zwei getrennte Kreditverträge aufsetzen? Theoretisch ist das eine gute Idee, um die Verpflichtungen und Beiträge beider Partner bei der gemeinsamen Immobilie zu belegen. In der Praxis stellt sich das dann oft als schwierig heraus, weil es den kreditgebenden Banken lieber ist, wenn zwei Personen für die volle Kreditsumme haften und nicht nur eine. Die Bank hat dann eine höhere Sicherheit, dass der Kredit zuverlässig bedient wird. Es ist gewissermaßen eine doppelte Absicherung durch zwei Schuldner gewährleistet.

Manche Banken lehnen es zwar nicht ab, zwei Verträge zu schließen, bieten in solchen Fällen allerdings schlechtere Zinskonditionen als bei einem gemeinsamen Kreditvertrag.

Wer im Grundbuch steht, dem gehört die Immobilie.

Bringt einer der Partner ein Baugrundstück ein, muss das Paar eine rechtliche Besonderheit beachten, die sonst zu einem bösen Erwachen führen kann: Bleibt nur der bisherige Eigentümer im Grundbuch bestehen, gehört ihm später auch alles, was darauf gebaut wird! Das kann man regeln, indem der Grundstückseigentümer formal dem Partner oder der Partnerin die Hälfte des Grundstücks verkauft oder mittels einer Schenkung überträgt. Aber Achtung: Dabei werden entweder Grunderwerbssteuer für den Käufer oder Schenkungssteuer für den Beschenkten fällig. Für unverheiratete Paare sind die Freibeträge eher gering. Da können die Abgaben ans Finanzamt schmerzhaft teuer werden.

Rechtlicher Rat
Gerade unverheiratete Paare sollten beim Kauf einer gemeinsamen Immobilie einen Vertrag abschließen. Anwaltlicher Rat kann helfen.

Im Vertrag zu den finanziellen Anteilen beider Partner sollten auch erbrachte Eigenleistungen berücksichtigt werden, wenn diese einen erheblichen Anteil am Bau des Hauses ausgemacht haben. Den Gegenwert der Arbeitseinsätze fair zu bemessen ist gar nicht so einfach. Man kann aber ganz gut die eingesetzten Arbeitsstunden mit einem fiktiven Stundenhonorar anrechnen. Als grobe Richtlinie haben sich dafür 50 bis 60 Prozent einer Brutto-Handwerkerstunde bewährt.

Was passiert im Trauerfall?

Trennung erfolgt nicht immer aus einem Streit heraus. Gerade bei unverheirateten Paaren empfiehlt es sich, ein Testament aufzusetzen, wenn eine gemeinsame Immobilie erworben oder gebaut wird.

Wenn nach einem Todesfall Erben des verstorbenen Partners Anspruch auf das Wohneigentum erheben, gehen sonst die nicht verheirateten Partner leer aus und müssen das Zuhause aufgeben.

Den nicht verheirateten Partner als Alleinerben einzusetzen klingt erst einmal sehr großzügig und fair. Der Haken ist dann das Thema „Erbschaftssteuer", die an das Finanzamt abzuführen ist. Bei nicht verheirateten Partnern sind die Freibeträge in diesem Fall mit 20 000 Euro sehr gering. Auf den Wert der geerbten Immobilie sind dann 30 Prozent Erbschaftssteuer zu entrichten. Bei Verheirateten sind es immerhin 500 000 Euro, die steuerfrei vererbt werden können. Unter bestimmten Umständen lässt sich das Familienheim sogar komplett steuerfrei vererben (siehe „Immobilie verschenken oder vererben", Seite 118).

Eine Alternative, um dem zu entgehen, liegt darin, im Testament für den Todesfall dem überlebenden Partner ein lebenslanges Wohnrecht an der gemeinsamen Immobilie einzuräumen oder ein verbrieftes Vorkaufsrecht an den Anteilen der gemeinsam erworbenen Immobilie zu sichern.

Finanzierungen: Kredite und mehr

Im Folgenden erfahren Sie nicht nur, was Sie auf dem Weg zu einer passenden Finanzierung beachten sollten. Sie finden auch Tipps, welche Unterstützung Sie wann und wo bekommen können.

Abenteuer Eigenheim: Sie haben sich entschlossen, dass Sie das angehen wollen? Dann haben Sie sich bis hierhin schon einen guten Überblick verschaffen können.

Im Kapitel „Was kann ich mir wirklich leisten?" (siehe Seite 67) haben Sie Ihre finanziellen Grundlagen geprüft. Sie wissen inzwischen, was Sie zurzeit als Eigenkapital zur Verfügung haben, und können einschätzen, welche monatlichen Raten Sie in den nächsten Jahren stemmen können, ohne sich zu übernehmen.

Daraus ergibt sich, wie hoch die Gesamtkosten für Ihren Immobilienerwerb maximal sein dürfen – immer abhängig von den jeweils aktuellen Finanzierungskosten für Ihren benötigten Kredit.

Aber Achtung: Die Gesamtkosten bestehen nicht nur aus dem Kaufpreis, den Sie von Maklern oder Verkäufern genannt bekommen oder den Sie als Angebotspreis in den Verkaufsannoncen lesen. Im Folgenden nehmen wir diese zusätzlichen Ausgaben unter die Lupe und spielen Schritt für Schritt Finanzierungsmöglichkeiten durch.

Oft unterschätzt: Neben- und Folgekosten

Angebotspreise sind verhandelbar. Es kommt aber einiges dazu, vor allem die Kaufnebenkosten und mögliche Folgekosten. Beispiele zeigen, wie folgenschwer sie sich auswirken können.

In unseren vorherigen Modellrechnungen haben wir Kaufneben- und die Folgekosten überschlagsweise mit einem prozentualen Aufschlag auf den Immobilienpreis kalkuliert. Das reicht für eine erste grobe Abschätzung. Wenn es nun aber um Ihre Entscheidung geht, sollten Sie ganz exakt berechnen, wie viel Kredit Sie tatsächlich aufnehmen wollen oder müssen.

Damit Sie sich weiter in den Bereich „Kosten" einfuchsen können, haben wir für Sie eine Liste zusammengestellt (siehe Checklisten auf den Seiten 154/155). Es sind Kaufbeziehungsweise Baunebenkosten, die beim Erwerb von Bestandsimmobilien oder einem Neubau anfallen können. Sie ist nicht für jeden denkbaren Fall vollständig, aber an der Länge der Liste sehen Sie schon, dass es fahrlässig wäre, diese Positionen nicht von Anfang an in die Gesamtkostenermittlung einzubeziehen. Sonst sitzen Sie mitten im Umzug plötzlich mit leer gefegten Konten da, obwohl nach wie vor laufend Rechnungen eintreffen.

Überlegen Sie dabei auch, ob manche Ausgaben wirklich notwendig sind. So kann eine schicke Einbauküche schnell mit fünfstelligen Beträgen auf der Rechnung stehen, wenn die elektrischen Geräte neu dazugekauft werden sollen.

Ein Umzug kann mithilfe von Freunden und einem gemieteten Lkw unter 1000 Euro kosten – oder auch mehrere Tausender, wenn Sie vom Abbauen und Einpacken bis zum Aufbau im neuen Zuhause alles einem professionellen Umzugsunternehmen übertragen.

→ Umzugskosten absetzen

Wenn Sie aus rein privaten Gründen umziehen und damit Profis beauftragen, können Sie immerhin einen Teil der Kosten über die Steuererklärung wieder reinholen. Die Rechnungen der Umzugsunternehmen können Sie als sogenannte haushaltsnahe Aufwendungen deklarieren. Bei allem, was Sie hier belegen, können Sie pro Jahr 20 Prozent solcher Ausgaben, maximal jedoch 4 000 Euro als haushaltsnahe Aufwendungen absetzen.

Oft unterschätzt
Die Nebenkosten, ein Umzug und die Anpassung der Einrichtung an ein neues Zuhause können schnell viele Tausend Euros kosten.

Die Maklerkosten

Verkäufer und Verkäuferinnen eines Hauses oder einer Wohnung profitieren von den Dienstleistungen einer Maklerfirma.

Gute Makler und Maklerinnen können aufgrund ihrer Erfahrung relativ sicher einschätzen, wie viel Geld die Immobilie realistisch bringen sollte.

Etablierte Unternehmen sind gut vernetzt, sodass sie den schnellsten Zugang zu den passenden Kaufinteressierten finden. Sie nehmen Verkäuferinnen und Verkäufern die Arbeiten ab, sprich: Sie organisieren den Verkauf, führen Besichtigungen durch, wählen seriöse Bewerberinnen und Bewerber aus und bereiten den notariellen Kaufvertrag vor.

Auf der anderen Seite würden sich Kaufinteressierte die Maklerkosten oft gern sparen, insbesondere, wenn sie – heute meist online – ein geeignetes Kaufobjekt für sich entdeckt haben. Professionelles Vermakeln erscheint das häufig eher wie ein notwendiges Übel, um mit dem Verkäufer oder der Verkäuferin direkt Kontakt aufnehmen zu können. Und hier mal ein „Aber": In manchen begehrten Lagen sind attraktive Angebote immer noch knapp, in mehr als der Hälfte der Fälle handelt es sich dann um Onlineangebote, die von Maklern stammen.

Wenn zum Beispiel die Verkäuferin das Maklerbüro beauftragt hat, ist es gesetzlich für den Immobilienkauf so geregelt, dass sich Verkäuferin und Käufer die Maklerprovision 50 : 50 teilen sollen. Sprich: Die Käufer müssen auf jeden Fall nicht mehr als 50 Prozent beitragen. Verträge mit abweichenden Regeln, die also die Käufer dazu verpflichten, mehr als die Hälfte des Maklerhonorars zu zahlen, sind rechtlich nichtig, die Käufer müssen dann gar nichts zahlen.

Um was geht es hier? Bei einem maximalen Satz von 7,14 Prozent des Kaufpreises für ein Haus oder eine Eigentumswohnung als Maklerhonorar sind Käufer und Käuferinnen mit bis zu 3,57 Prozent der Kaufsumme dabei. Beim Kaufpreis für eine Immobilie von 400 000 Euro erhalten Maklerin oder Makler für ihre Dienste insgesamt 28 560 Euro inklusive Mehrwertsteuer, wobei bis zu 14 280 Euro von Käufern und Käuferinnen zu tragen sind.

Nur wenn Sie als Kaufinteressent von sich aus einen Immobilienmakler mit der Suche nach geeigneten Objekten beauftragen, müssen Sie diesen allein bezahlen, wenn später nicht auch der Verkäufer dem Makler Courtage versprochen hat. Das gilt unabhängig davon, wie viel Arbeit die Maklerin oder der Makler mit dem Verkauf hatte. Es handelt sich hier um eine reine Erfolgsprämie, die mit dem Unterzeichnen des notariellen Kaufvertrags für die vermittelte Immobilie fällig wird.

Da es bei der Beauftragung von Maklerbüros nicht selten zu Missverständnissen und Meinungsverschiedenheiten kommt, was die Leistungen sowie die Fälligkeiten von Honoraren in bestimmter Höhe betrifft, hier noch ein paar Hinweise.

→ Vorsicht bei mündlichen Vereinbarungen!

Vertragsrelevante Vereinbarungen, die nur mündlich getroffen werden, sind unwirksam. Maklerverträge müssen „in Textform" vereinbart werden, wobei heutzutage E-Mails, SMS, WhatsApp-Chats und andere Medien schon ausreichen. Es braucht also nicht mehr das von beiden Seiten unterschriebene Papier. Wir empfehlen aber ausdrücklich, einen schriftlichen Maklerauftrag aufzusetzen und zu unterschreiben.

Rechtlich verbindlich ist auch schon, wenn Sie auf einer Internetplattform mit dem Angebot zum Abschluss eines Maklervertrags auf den Button „Einverstanden" klicken. Dabei handelt es sich dann allerdings auch um Vertragsabschlüsse nach dem sogenannten Fernabsatzgesetz. Das heißt: Wenn der Maklervertrag über Telefon, E-Mail oder Internet abgeschlossen wird, darf der Kunde oder die Kundin diesen innerhalb von zwei Wochen widerrufen, den Auftrag also zurücknehmen, ohne etwas dafür bezahlen zu müssen.

Und juristisch noch etwas kniffliger: Falls der Makler oder die Maklerin es versäumt hat, Sie vor dem Abschluss des Vertrags vollständig und korrekt über Ihr Widerrufsrecht zu informieren, können Sie den Vertrag sogar bis zu einem Jahr und zwei Wochen lang widerrufen.

Zur gesetzlichen Pflicht von Maklern und Maklerinnen gehört, dass sie Interessentinnen und Interessenten korrekt informieren müssen. Sie dürfen nicht lügen.

Aber: Sie müssen Informationen, die sie vom Verkäufer oder von der Verkäuferin der Immobilie erhalten haben, nicht überprüfen! So hat der Bundesgerichtshof in einem Streitfall entschieden: Makler dürfen sich darauf verlassen, dass Eigentümer oder Eigentümerin sie korrekt und vollständig informiert haben (Bundesgerichtshof, Urteil vom 18.01.2007 Aktenzeichen: III ZR 146/06).

Mit einem Klick
Maklerverträge kann man auch online abschließen. Ein Klick auf „Einverstanden"/„Zustimmen", und der Deal steht. Dieser kann innerhalb von 14 Tagen kostenfrei widerrufen werden.

Beispiel: Die Klage des Käufers einer Eigentumswohnung auf Schadenersatz gegen den involvierten Makler scheiterte. Es hatte sich herausgestellt: Für den Ausbau eines zur Wohnung gehörenden Raumes im Dachgeschoss gab es keine Baugenehmigung. Davon hatte der Verkäufer dem Makler nachweislich nichts gesagt. Der Makler hätte das doch prüfen müssen, hatte der Käufer argumentiert. Nein, musste er nicht, so der Bundesgerichtshof (BGH).

Wenn Makler aber erhebliche Mängel der Immobilien kennen, müssen sie diese auch angeben. Ansonsten haften sie auf Schadenersatz, urteilte das Oberlandesgericht. Der Dachstuhl eines vom Makler vermarkteten Hauses war von Insekten und Braunfäule befallen. Das hatte er dem späteren Käufer wissentlich verschwiegen. Der Makler musste den Käufer des Hauses entschädigen (Hanseatisches Oberlandesgericht Hamburg, Beschluss vom 14.06.2010, Aktenzeichen: 13 U 27/10).

Wenn Käufer oder Verkäufer allerdings nachträglich vom Vertrag zurücktreten, weil sich zum Beispiel ein Mangel zeigt, von dem niemand etwas wusste, hat der Makler trotzdem seine Pflicht erfüllt und damit Anspruch auf seine Courtage.

Wie schon erwähnt, entsteht der Anspruch des Maklers auf Honorar erst in dem Moment, wo der von ihm vermittelte Immobilienkaufvertrag von beiden Parteien unterschrieben ist. Vorher kann er oder sie keine Zahlung verlangen. Das klingt erst einmal eindeutig, kann allerdings an Bedingungen geknüpft sein. Steht der Kaufvertrag zum Beispiel unter dem Vorbehalt, dass er nur in Kraft tritt, wenn eine Genehmigung für einen Um- oder Erweiterungsbau erteilt wird, dann steht dem Makler oder der Maklerin die Courtage erst zu, wenn die Bedingung eintritt und der Kaufvertrag dadurch wirksam wird.

Kein Recht auf ein Honorar haben Maklerprofis, wenn der Kaufvertrag für die Immobilie gegen ein gesetzliches Verbot verstößt oder wegen arglistiger Täuschung angefochten wird. Der Kaufvertrag wird dadurch nichtig. Das gilt auch, wenn sich die Nichtigkeit des Immobiliendeals erst nachträglich herausstellt.

Ein Schnäppchen bei einer Zwangsversteigerung machen?
Keine Maklergebühren gibt es beim Kauf im Rahmen einer (Zwangs-)Versteigerung von Immobilien.

Etwas kompliziert können allerdings die Formalitäten werden, wenn etwa ein Beteiligter, der durch Nichterfüllung eines Gebots geschädigt werden könnte, eine Sicherheitsleistung verlangt. Das muss sofort nach Abgabe des Gebots erfolgen. Das Verlangen bleibt dann auch für weitere höhere Gebote desselben Bieters bestehen. Die Sicherheitsleistung beträgt 10 Prozent des angesetzten Verkehrswerts der Immobilie.

Was bedeutet das für Sie als möglichen Bieter oder mögliche Bieterin? Die Sicherheitsleistung durch Barzahlung zu begleichen ist nicht möglich. Sie können die Sicherheitsleistung durch Überweisung auf ein Konto der Gerichts- beziehungsweise Justizkasse erfüllen. Dann müssen Sie das aber ein paar Tage vor dem Versteigerungstermin erledigen, denn der Betrag muss bei der Gerichts-/Justizkasse vor der Versteigerung eingegangen sein, und ein Beleg dafür muss im Termin vorliegen.

Weiterhin akzeptiert wird die Sicherheitsleistung in Form einer unbefristeten, unbedingten, selbstschuldnerischen Bankbürgschaft eines Kreditinstituts, als Landeszentralbank-Scheck oder Verrechnungsscheck (sogenannter Bieterscheck) von einer berechtigten Bank. Beide dürfen frühestens drei Tage vor der Versteigerung ausgestellt werden. Und sie sind während der Versteigerung nach Aufforderung an den Rechtspfleger oder die Rechtspflegerin zu übergeben. Wenn Sie nichts ersteigert haben, bekommen Sie den vorab eingezahlten Betrag beziehungsweise die Schecks nach dem Versteigerungstermin zurück.

Wenn Sie den Zuschlag erhalten, erhebt das Versteigerungsgericht Gebühren nach dem Gerichtskostengesetz (GKG). Die Höhe der Gebühren richtet sich nach der Summe aus dem sogenannten Bargebot (= gebotener Geldbetrag) und dem Wert der zu übernehmenden Belastungen (zum Beispiel Grundschulden). Der volle Kaufpreis muss nach vier bis sechs Wochen bezahlt werden.

Warum kann eine Zwangsversteigerung für Sie als Käufer interessant sein? In den Zeiten niedriger Kreditzinsen und stetig steigender Immobilienpreise waren Zwangsversteigerungen für private Kaufinteressenten kaum attraktiv, weil professionelle Immobilienhändler den Markt dominierten. Käuferinnen und Käufer konnten für den Eigenbedarf kaum noch Schnäppchen machen. Die Lage hat sich in den Jahren 2022 und 2023 allerdings gedreht. Die Zinsen für Immobilienkredite sind von etwa einem Prozent auf über 4 Prozent gestiegen und erst seit November 2023 wieder leicht gefallen. Die Lage auf den Finanzmärkten ist zur Jahreswende so ungewiss, konkretere Einschätzungen für die Jahre 2024/2025 sind daher weiterhin nicht möglich (Stand: April 2024).

Viele Anschlussfinanzierungen aktuell laufender Immobilienkredite werden – vor allem bei bisher niedrigen Tilgungsraten – für die Haushalte plötzlich sehr teuer werden. Und bei den hohen Inflationsraten der zurückliegenden Jahre sind die Budgets der privaten Haushalte durch die Teuerung aller Lebenshaltungskosten ohnehin schon strapaziert oder „auf Kante genäht". Siehe auch Kasten rechts.

Interessierte können sich online zum Beispiel im Zwangsversteigerungsportal der Landesjustizverwaltungen (zvg-portal.de) umschauen. Einfacher zu nutzen und ebenfalls recht umfassend sind die Onlineübersichten von kommerziellen Anbietern wie argetra.de und zwangsversteigerung.net, die zum Teil aber kostenpflichtig sind.

Fazit: Informieren Sie sich gründlich über die besonderen Regeln bei einer Zwangsversteigerung! Bedenken Sie: Sind Sie Meistbietender, geht mit dem Zuschlag das Eigentum sofort auf Sie über. Ein Anspruch auf Gewährleistung ist ausgeschlossen. Sie erwerben die Immobilie auf eigenes Risiko; Sie können also keinen Ersatz verlangen, wenn das erworbene Grundstück oder Gebäude Mängel oder Schäden aufweist.

Am besten ist, Sie schauen – noch ohne eigene Kaufabsichten – bei zwei oder drei interessanten Terminen vorbei und verschaffen sich so einen Eindruck, wie diese Veranstaltungen ablaufen. Dann können Sie besser einschätzen, ob das für Sie infrage kommt.

30 SEKUNDEN FAKTEN

12 000

Immobilien **wurden 2022** in einer Zwangsversteigerung angeboten, vor allem Eigentumswohnungen und Familienhäuser. Schaut man auf die Zahlen der letzten beiden Jahre, gingen die Versteigerungen also zurück.

2020

gab es nämlich noch fast 15 000 Zwangsversteigerungen für diese Immobiliensparte.

2021

waren es hierzulande noch rund 13 000 Immobilienobjekte aus dieser Sparte.

Quelle: argetra/statista

Schritt für Schritt zur Finanzierung

Haben Sie sich jetzt einen vollständigen Überblick über die Gesamtkosten Ihres Immobilienkaufs verschafft? Dann sollten Sie nun die individuell passendste Finanzierung finden.

Kein Geheimnis: Nur wenige von uns werden eine Wohnung oder ein Haus mal eben vom Girokonto bezahlen können. Auch mit angespartem Eigenkapital oder einem Bausparvertrag müssen sich die meisten Kaufinteressierten nach einem Kredit zur Finanzierung durch eine Bank oder eine Versicherung umschauen.

In Deutschland ist im Normalfall ein sogenanntes Annuitätendarlehen mit Festlegung von Zins und Tilgung für eine vertraglich vereinbarte Laufzeit das Mittel der Wahl. So können die Kreditnehmer für die festgelegte Laufzeit mit einer gleichbleibenden monatlichen Belastung rechnen, was sie vor unangenehmen Überraschungen schützt. Annuitätendarlehen bedeutet, dass pro Jahr (lateinisch „per annum") ein fester Betrag zu zahlen ist, der sich aus den beiden Komponenten Effektivzins und Tilgung zusammensetzt. Trotz des Namens werden die Raten in der Regel monatlich bezahlt.

Mit jeder einzelnen Rate tilgen die Kreditnehmer einen Teil der Restschuld, sodass diese von Monat zu Monat reduziert wird. Da die Rate konstant bleibt, verringert sich der Zinsanteil stetig zugunsten des Tilgungsteils. Sicherheit für die gesamte Dauer der Finanzierung erhält man mit einem sogenannten Volltilgerdarlehen,

→ Nominalzins und Effektivzins

Nominalzins oder auch Sollzins ist der „nackte" Zinssatz, der rechnerisch jährlich für die Summe des Darlehens zu zahlen ist. Weitere Kosten oder Erträge sind im Nominalzins nicht enthalten. Der Effektivzins enthält hingegen darüber hinaus auch alle anfallenden Kosten der Finanztransaktion, also auch zusätzliche Kosten wie Provisionen oder Bearbeitungsgebühren des Kreditinstituts. Wenn Sie die wirklichen Kosten von verschiedenen Kreditangeboten miteinander vergleichen wollen, sollten Sie also nach dem effektiven Jahreszins schauen. Der enthält sämtliche Kosten, die der jeweilige Anbieter Ihnen bei der Kreditaufnahme in Rechnung stellt.

Finanzierungen im Test

Wie das in der Realität aussieht, haben wir im April 2024 in Finanztest anhand von vier typischen Modellfällen mit unterschiedlichen Prioritäten untersucht. Wir haben dafür von 81 Banken, Bausparkassen, Versicherungen und Kreditvermittlern Angebote für den Kauf einer Eigentumswohnung mit einem Kaufpreis von 400 000 Euro eingeholt.

- **Erster Modellfall Volltilgerdarlehen, feste Rate bis zum Schluss:** Bei einem Volltilgerdarlehen sind die Konditionen bis zur restlosen Tilgung festgeschrieben. Für alle, die kein Risiko eingehen wollen und sich einen Zinssatz bis zum Ende sichern wollen, ist das eine gute Wahl.
  Das Ergebnis: Für einen Kredit über 320 000 Euro mit 20 Jahren Laufzeit war der Effektivzins im Schnitt 3,82 Prozent, die Ratenhöhe 1894 Euro und die Restschuld 0 Euro.
- **Zweiter Fall 70-Prozent-Darlehen, Kauf mit viel Eigenkapital:** Je niedriger der Kreditanteil, desto günstigere Konditionen kann die Bank bieten. Es ist ratsam, so viel Eigenkapital wie möglich einzubringen. Das zeigt auch unsere Untersuchung.
  Das Ergebnis: Für einen Kredit über 280 000 Euro mit 15 Jahren Zinsbindung und 2 Prozent Tilgung betrug der Effektivzins im Schnitt 3,62 Prozent, die Ratenhöhe 1293 Euro, die Restschuld 169 376 Euro.
- **Dritter Fall 90-Prozent-Darlehen, Kauf mit wenig Eigenkapital:** Hier bleibt eine sehr hohe Restschuld.
  Das Ergebnis: Für einen Kredit über 360 000 Euro mit 15 Jahren Zinsbindung und 2 Prozent Tilgung betrug der Effektivzins im Schnitt 3,84 Prozent, die Ratenhöhe 1728 Euro, die Restschuld 215 207 Euro.
- **Vierter Fall Flexibles Darlehen, ohne starre Rückzahlung:** Mit einem flexiblen Darlehen können Kunden die Rückzahlung bei Bedarf anpassen, etwa wenn sich die Einkommensverhältnisse verbessern oder verschlechtern.
  Das Ergebnis: Für einen Kredit über 320 000 Euro mit 20 Jahren Zinsbindung und 2 Prozent Tilgung betrug der Effektivzins im Schnitt 3,87 Prozent, die Ratenhöhe 1544 Euro und die Restschuld 128 936 Euro.

Fazit: Die Untersuchungsergebnisse zeigen, dass die durchschnittlich ermittelten Zinsen in allen vier Fällen jeweils recht nahe beieinander lagen, sie schwankten nur zwischen 3,62 und 3,87 Prozent. Aber: Für jeden angefragten Modellfall unterschieden sich die Zinsen der Anbieter zum Teil ganz erheblich. Für ein und dasselbe Darlehen müssen Kreditnehmende bei einer günstigen Bank monatlich rund 200 bis 330 Euro weniger zahlen als bei einer teuren. Am Ende der Zinsbindung macht das einen Unterschied von bis zu knapp 84 000 Euro. Sie sollten also unbedingt mehrere Angebote einholen, denn eine umfassende Recherche der aktuellen Konditionen der Kreditanbieter spart eine Menge Geld.

Die Zahlen zeigen auch, wie wichtig es ist, dass Sie sich vor dem Gang zur Bank Gedanken machen, wie Ihre Finanzierung aussehen soll. Dazu gehört beispielsweise, wie hoch die Monatsrate maximal sein darf oder wann Haus und Wohnung schuldenfrei sein sollen.

Für Kredite mit flexiblen Rückzahlungskonditionen musste man anders als früher oft nicht mehr draufzahlen. Sie tun deshalb gut daran, mit der Bank von vornherein eine flexible Rückzahlung zu vereinbaren. Dazu zählt nicht nur die Option für Sondertilgungen, sondern bei Bedarf die Rate senken oder erhöhen zu können. Selbst Auszahlungen von bereits gezahlten Sondertilgungen sind möglich. Schließlich weiß niemand, was die Zukunft bringt.

Checkliste

In fünf Schritten zum Kredit

- ☐ **Kreditrahmen abstecken.** Welche Eigenmittel Sie haben und was Sie monatlich als maximale Kreditrate leisten können, haben Sie schon ermittelt (siehe „Was kann ich mir wirklich leisten?“, ab Seite 67).
- ☐ **Mögliche Förderungen prüfen.** Auch wenn die Bundesregierung viele Förderprogramme von Bafa und KfW für 2024 reduziert oder komplett gestrichen hat, gibt es Förderprogramme von Bundesländern, Gemeinden, Kirchen und weiteren Institutionen.
- ☐ **Vorgaben machen.** Überlegen Sie, welche Zinsbindungszeit der Kredit haben soll. Wer ganz auf Nummer sicher gehen will, wählt ein Volltilgerdarlehen wie in unserem ersten Modellfall (siehe hierzu Seite 135). Ein besonderes Risiko ist die lange Bindungszeit übrigens nicht: Zehn Jahre nach Auszahlung können Sie jedes Immobiliendarlehen mit einer Frist von sechs Monaten kündigen oder Sondertilgungen leisten. Legen Sie außerdem fest, wie viel Tilgung Sie jeden Monat bezahlen können und wollen.

Vollfinanzierung: Teures Spiel mit dem Risiko

Sie haben die einmalige Gelegenheit, ein attraktives „Immobilienschnäppchen“ zu machen, haben bisher dafür aber noch nichts auf die hohe Kante gelegt? Da kommt dann schnell der Gedanke auf, ob man wirklich immer so viel Eigenkapital mitbringen muss, um die Traumwohnung oder das begehrte Häuschen finanzieren zu können. Denn eigentlich verdienen Sie ja gut.

Für die klassische 80-Prozent-Finanzierung einer Immobilie zum Preis von 500 000 Euro mit 20 Prozent Eigenkapital müssen die Käufer immerhin 100 000 Euro mitbringen, dazu rund 50 000 Euro für Steuern, Makler, Notar und Grundbuchamt. Von solchen Rücklagen können vor allem junge Menschen oft nur träumen.

Wer aber bereits ein gutes Einkommen hat oder wenn bei einem Ehepaar beide Partner in unbefristeten Jobs arbeiten, be-

- ☐ **Angebote einholen.** Holen Sie mehrere Angebote von günstigen Anbietern ein. So können Sie viel Geld sparen. Auch regionale Banken können manchmal sehr gute Konditionen anbieten. Sie haben in unseren Vergleichsuntersuchungen schon Spitzenplätze erobern können. Monatlich aktualisierte Zinskonditionen gibt es unter test.de/hypothekenzinsen (gegen eine geringe Gebühr). Fragen Sie auch bei mindestens einem Kreditvermittler wie beispielsweise Dr. Klein oder Interhyp an. Vermittler können auf die Konditionen von vielen Anbietern zugreifen und so für fast jeden Kreditwunsch ein günstiges Angebot herausfiltern.
- ☐ **Angebote vergleichen und entscheiden.** Prüfen Sie, ob die Angebote wirklich alle Vorgaben einhalten, die Sie gemacht haben. Die Kreditsumme, die Ratenhöhe, die Zinsbindung und die Rückzahlungskonditionen sollten Sie vorgeben. Sie müssen bei allen Angeboten gleich sein, wenn die Angebote fair vergleichbar sein sollen. Nur dann ist der effektive Zinssatz der entscheidende Maßstab für die Auswahl. Prüfen Sie Ihre Angebote in Ruhe und zu Hause. Bei unseren Untersuchungen hat sich gezeigt, dass bei Beratungen zur Baufinanzierung oft Fehler passieren (siehe „Was Sie über Finanzierungsberater wissen sollten“, Seite 149).

kommt man von der Bankberaterin vielleicht das Angebot „Wir können ja mal ausrechnen, ob wir die Finanzierung dieses tollen Angebots nicht auch ohne Startkapital hinbekommen."

Bei einer Vollfinanzierung gewährt der Kreditgeber ein Darlehen über 100 Prozent der Kaufsumme für die Wohnung oder das Haus. Da das für die Bank oder Versicherung ein höheres Risiko darstellt – im Falle eines Notverkaufs müssten dann ja die 100 Prozent möglichst wieder erlöst werden können –, steigen die Effektivzinsen für solche Darlehen.

Auch für die Käufer und Käuferinnen oder Bauherren und Bauherrinnen stellt die höhere Kreditsumme eine größere Belastung und ein größeres Risiko dar, falls es später mal finanzielle Engpässe oder Krisen geben sollte.

Wir haben für unseren Test zum Stichtag 4. Oktober 2023 bei 43 Banken und Kreditvermittlern dazu anhand von zwei Modellfällen die Konditionen für Volltilgerdarlehen eingeholt.

- **Fall 1.** Ein Kredit mit 10 Jahren Zinsbindung und einer Anfangstilgung von 2 Prozent. Hier konnten die Anbieter bis zu 100 000 Euro mit einem KfW-Kredit aus dem Wohneigentumsprogramm finanzieren, den es trotz der Sparbeschlüsse der Bundesregierung auch im Dezember 2023 noch gab. Er lohnt sich vor allem für Menschen mit wenig Eigenkapital: Vollfinanzierungen werden dadurch oft günstiger. Die Bank sollte Ihnen das in diesem Fall aktiv anbieten.
- **Fall 2.** Ein Kredit mit 20 Jahren Zinsbindung und einer anfänglichen Tilgung von 1,5 Prozent.

Unsere Untersuchung hat gezeigt: Kreditnehmer müssen für eine Vollfinanzierung deutlich mehr Zinsen zahlen als für Kredite mit einem höheren Eigenkapitalanteil. Für die 100-Prozent-Finanzierung mit 20 Jahren Zinsbindung verlangten Banken zum Stichtag einen durchschnittlichen Effektivzins von 5,17 Prozent. Das waren 0,65 Prozentpunkte mehr, als im Schnitt für eine 80-Prozent-Finanzierung fällig wurden.

Die hohe Kreditsumme in Verbindung mit höheren Zinsbelastungen lässt bei Vollfinanzierungen die Monatsraten in die Höhe schießen. Der günstigste Anbieter für eine Vollfinanzierung bei 10 Jahren Zinsbindung, die Sparda-Bank Baden-Württemberg, verlangte zum Stichtag 4,01 Prozent Zinsen. Das ergab eine Monatsrate von 2 467 Euro. Der teuerste Kredit im Vergleich mit 20 Jahren Zinsbindung überschritt sogar die 3 000-Euro-Marke monatlich.

Berücksichtigt man, dass der Immobilienkredit höchstens 40 Prozent des Haushaltsnettoeinkommens betragen sollte, ergibt sich ein Monatseinkommen netto von mindestens 6 167,50 Euro … im günstigsten hier diskutierten Fall, und das dauerhaft Monat für Monat über die nächsten 10 Jahre.

Kurz zusammengefasst ergeben sich folgende Merkmale für die Vollfinanzierung:

- 100-Prozent-Finanzierungen sind teuer. Im Bereich der 90- und 100-Prozent-Finanzierungen lohnt sich der Einsatz von mehr Eigenkapital fast immer, um die Kosten des Darlehens spürbar zu reduzieren.
- Wer sich die hohen Monatsraten auf Dauer leisten kann, sollte zumindest genügend Eigenkapital aufbringen, um die Nebenkosten zu finanzieren, die mit dem Immobilienerwerb zwangsläufig verbunden sind. Dazu gehören Grunderwerbssteuer, Notargebühren, Eintragung ins Grundbuch und Maklercourtage. Je nach Wert der Immobilie können diese Kosten schnell in den fünfstelligen Bereich steigen.
- Risiko Überschuldung im Notfall: Je weniger Eigenkapital die Käuferinnen und Käufer eingebracht haben, desto eher bleiben auch nach einem Notverkauf der Immobilie Schulden übrig. Und das dann in einer ohnehin bereits kritischen Situation, sonst wäre es ja nicht zum Notverkauf gekommen.

Neubau: Finanzierung und Förderungen

Wollen Sie selber mithilfe eines Architekturbüros ein Haus bauen, also nicht „fertig“ geplant vom Bauträger oder Fertighausanbieter kaufen, müssen Sie bei der Finanzierung ein paar wichtige Punkte beachten.

In der Regel werden Sie je nach Baufortschritt Rechnungen der beauftragten Bauunternehmen bekommen, die Sie dann innerhalb kurzer Zeit begleichen müssen. Wenn Sie sich einen großen Kredit in mehreren Tranchen auszahlen lassen wollen, müssen Sie beachten, dass Kreditgeber dafür ab einem gewissen Zeitpunkt Bereitstellungszinsen in Rechnung stellen. Im einfachsten Fall können Sie das vermeiden, indem Sie den gesamten Kreditbetrag zum vereinbarten Zeitpunkt abrufen und zum Beispiel auf einem oder mehreren Tagesgeldkonten zwischenparken. Warum mehrere? Die gesetzliche Einlagensicherung der Banken ist auf maximal 100 000 Euro pro Kunde begrenzt. Wenn Sie ganz auf Nummer sicher gehen wollen, lassen Sie auf einem Konto also maximal 100 000 Euro stehen. Welche Tagesgeldkonten sicher sind und gute Zinsen bieten, können Sie unter test.de/zinsen abfragen.

Fragen Sie immer auch aktuelle Förderungen von KfW und Bafa ab, die Sie gegebenenfalls in Anspruch nehmen können.

Wichtig dabei: Die Förderung müssen Hausbauer oder Käufer einer Immobilie beantragen, bevor sie einen Liefer- und Leistungsvertrag oder Kaufvertrag unterschrieben haben. Nur Planungs- und Beratungsleistungen dürfen sie bereits vorab in Anspruch genommen haben. Die Arbeiten müssen meist von Fachleuten ausgeführt werden, was das Einbringen von Eigenleistungen stark beschränkt.

Seit 1. März 2023 haben bei der KfW die neuen Programme 297 für Selbstnutzer und 298 für Kapitalanleger beziehungsweise Investoren, also künftige Vermieter, die bisherige „Bundesförderung für effiziente Gebäude" (BEG, Kredit 261) abgelöst. Diese gilt seitdem nur noch für Sanierungen bestehender Gebäude. Gefördert werden klimafreundliche Neubauten mit dem Effizienzhaus-40-Standard mit 100 000 Euro, bei zusätzlicher „Qualifikation für das Nachhaltigkeitszertifikat" maximal bis zu 150 000 Euro Darlehenssumme zu sehr günstigen Zinskonditionen.

Die Förderung müssen Sie beantragen, bevor Sie einen Liefer- und Leistungsvertrag oder Kaufvertrag unterschrieben haben.

Beachten Sie, dass die Fördertöpfe gedeckelt sind. Im Dezember 2023 waren die Töpfe leer und das Bauministerium hatte einen vorläufigen Antragsstopp verhängt, das bedeutete, es konnten keine neuen Anträge eingereicht werden. Seit 20. Februar 2024 sind Anträge aber wieder möglich (Stand: April 2024).

Neu seit Juni 2023 ist ein KfW-Programm 300 „Wohneigentum für Familien", die ein Haus bauen oder einen Neubau oder auch eine Eigentumswohnung kaufen. Sie bekommen besonders zinsvergünstigte Kredite. Die genauen Konditionen je nach Anzahl der Kinder finden Sie mithilfe unseres „KfW-Darlehen Vergleichsrechners" unter test.de/thema/baufinanzierungsrechner/.

→ KfW und Bafa für Immobilienfinanzierungen

Die KfW Bankengruppe (kfw.de, vormals „Kreditanstalt für Wiederaufbau") fördert seit 1948 im öffentlichen Auftrag der Bundesregierung zahlreiche Projekte. Interessant sind zum Beispiel die Förderprogramme zum Neubau oder Erwerb von Wohnimmobilien, zur energieeffizienten Sanierung von Wohngebäuden sowie das Programm „Wohneigentum für Familien" (300).

Das Bafa (Bundesamt für Wirtschaft und Ausfuhrkontrolle, bafa.de) hat zahlreiche Förderangebote für energieeffizientes Bauen aufgelegt. Zwischenzeitlich hatte das Bafa allerdings neun Förderprogramme vorläufig gesperrt.

Wir empfehlen deshalb: Erkundigen Sie sich bei der Planung Ihrer Immobilienfinanzierung immer aktuell direkt bei beiden Institutionen, welche Förderungen Sie in Anspruch nehmen können. KfW und Bafa bieten auch individuell telefonische Beratungen an, die Sie nutzen sollten.

Bestandsimmobilien
Die absehbaren Kosten von Sanierungs- und Modernisierungsmaßnahmen dürfen bei der Finanzierungsplanung keinesfalls vergessen werden.

Einen kostenlosen Onlineführer durch den Dschungel der Förderprogramme für Modernisierung und Neubau finden Sie darüber hinaus auf unserer Homepage unter test.de/thema/baufinanzierungsrechner/ sowie unter co2online.de/foerdermittel. Co2online ist eine gemeinnützige Beratungsgesellschaft und als solche völlig werbefrei.

Was ist anders bei Gebrauchtimmobilien?

Was nicht passt, wird passend gemacht. Das gilt meist auch beim Erwerb einer Bestandsimmobilie, also einer bestehenden Eigentumswohnung oder eines neuen Familienhauses. Hier sind vor allem zwei Fakten zu beachten, wenn man über die Finanzierung nachdenkt:

Fakt 1: Diese Gebäude haben je nach Alter und bereits durchgeführten Modernisierungen häufig einen mehr oder weniger großen Sanierungsstau, was die gesamte Ausstattung betrifft. Das reicht von altmodischen Badfliesen über verkalkte Wasserinstallationen, eine leistungsschwache Hauselektrik, den Ausbau eines Dachbodens zu Wohnzwecken bis zu sehr kleinen Zimmern, die zusammengelegt werden sollen.

Sind solche Modernisierungsmaßnahmen nötig, kostet das noch einmal gehörig Geld. Lassen Sie sich am besten von einer Baugutachterin oder einem Architekten eine Kostenschätzung für Ihr Haus erstellen, nachdem Sie gemeinsam besprochen haben, was alles getan werden soll. Diese Maßnahmen lassen sich zum Teil zeitlich etwas hinausschieben, aber die großen Eingriffe und Umbauten wird man bereits vor dem Einzug durchführen lassen. Später wäre das „im laufenden Betrieb" mit viel größeren Belastungen für die Bewohner oder mit einer befristeten Räumung des Hauses verbunden. Planen Sie also diese zu erwartenden Kosten bereits bei Ihrer Finanzierung mit ein, die ja in der Regel über mindestens fünf Jahre, eher über 10 oder 15 Jahre in die Zukunft reicht!

Fakt 2: Neue Eigentümerinnen und Eigentümer von Wohngebäuden sind unter Umständen gesetzlich verpflichtet, bestimmte energetische Sanierungsmaßnahmen oder Umrüstungen durchzuführen. Es gibt keine generelle Verpflichtung, eine Sanierung durchzuführen (Stand: April 2024). Nur in einigen wenigen Fällen, etwa wenn die oberste Geschossdecke nicht gedämmt ist oder im Heizungskeller noch eine über 30 Jahre alte Heizung steht, sind die neuen Eigentümerinnen und Eigentümer gezwungen, die Schwachstellen zu beseitigen. Dafür haben sie zwei Jahre Zeit ab Übertragung des Eigentums.

Anders verhält es sich, wenn die neuen Eigentümer und Eigentümerinnen freiwillig das Haus modernisieren. In diesem Fall schreibt das Gebäudeenergiegesetz GEG – auch Heizungsgesetz genannt – bestimmte Mindeststandards vor.

So sind Eigentümerinnen und Eigentümer von Wohngebäuden gemäß dem aktuellen Gebäudeenergiegesetz (GEG) in der Pflicht, die oberste Geschossdecke zum unbeheizten Dachraum zu dämmen (§ 47 GEG). Außerdem sind in definierten Fällen eine Erneuerung der Heizungsanlage (§ 72 GEG), die Dämmung von Heiz- und Warmwasserleitungen (§ 71 GEG) oder auch Wärmeschutzmaßnahmen an der Gebäudehülle vorgeschrieben. Sobald im Rahmen einer Instandhaltung mehr als 10 Prozent der Fläche eines Gebäudeteils wie der Fassade erneuert werden, muss der Gebäudeteil nach der Sanierung den gesetzlichen Dämmstandard erfüllen (§ 48 GEG).

Die Details zu den neuesten Förderrichtlinien finden Sie unter test.de/thema/baufinanzierungsrechner/, „Förderung für energetische Sanierung und Hausbau".

→ Energieberater einschalten

Zugelassene Energieberater oder Energieberaterinnen können dazu einen individuellen Sanierungsfahrplan (iSFP) mit einer groben Kostenschätzung erstellen, in dem einzelne Maßnahmenpakete sinnvoll aufeinander abgestimmt nacheinander erledigt werden können. Auch hierfür gibt es Förderung. Das Bafa hatte den gewährten Zuschuss für die Energieberatung zwischenzeitlich zwar ersatzlos gestrichen. Seit dem 22. Januar 2024 nimmt das Bafa aber wieder Anträge entgegen (Stand: April 2024).

Bausparkassen – ein schlechter Fahrplan?

Bausparverträge galten in den letzten Jahren der Niedrigzinsen als altmodisch, kompliziert und finanziell nicht mehr attraktiv. Das hat sich über die Jahre auch in vielen Köpfen so festgesetzt. Aber im September 2022 überschrieben wir einen Artikel in Finanztest mit „Comeback der Bausparkassen“ (siehe auch Abbildung Seite 144/145).

Was war geschehen? Seit Jahresbeginn 2022 hatten sich die Zinsen für Hypothekenzinsen von ihrem historischen Tiefstand unvermittelt verdoppelt. Immobilienkäufer zahlten im Herbst 2022 für ein Bankdarlehen mit 15 Jahren Laufzeit statt unter 2 Prozent über 4 Prozent Zinsen im Jahr. Erst im Herbst 2023 kam die Wende und die Zinsen sanken wieder. Ende Februar 2024 verlangten die Banken für ein Darlehen mit 80 Prozent Beleihung im Schnitt 0,73 Prozentpunkte weniger als noch im Oktober 2023.

Bei den Bausparkassen gibt es solche Zinssprünge nicht. In ihren Tarifen im Herbst 2022 verlangten sie meist 1,5 bis 2,5 Prozent als Darlehenszins. Für Interessierte, die damals einen Vertrag abgeschlossen haben, gelten diese Konditionen auch noch nach fünf oder zehn Jahren.

Bauspardarlehen wurden damit plötzlich wieder attraktiver, die Nachfrage ging hoch. Auch noch im Frühjahr 2024 stand dabei für die Kunden der klassische Vorteil des Bausparens im Vordergrund: der Schutz vor steigenden Kreditzinsen. Kunden sichern sich schon viele Jahre im Voraus günstige Zinsen für ihre Finanzierung – unabhängig vom Auf und Ab am Kapitalmarkt. Diese Planungssicherheit bezahlen die Kunden von Bausparkassen mit sehr niedrigen Guthabenzinsen während der Ansparphase. Im September 2022 waren das bei den untersuchten Bausparmodellen minimale Zinsen von 0,01 bis 0,10 Prozent im Jahr.

Hinzu kommt, dass die Bausparkassen eine Abschlussgebühr von 1,0 bis 1,6 Pro-

Unser Tipp

Wasserdicht planen: Ein klassischer Bausparvertrag kann für Sie sinnvoll sein, wenn Sie gezielt für die eigene Immobilie sparen und sich gegen steigende Zinsen in der Zukunft absichern wollen. Die Bausparsumme sollte aber nicht mehr als 20 bis 40 Prozent des anvisierten Kaufpreises der Immobilie betragen. Legen Sie für sich zunächst fest, wann Sie den Bausparvertrag voraussichtlich nutzen wollen. Lassen Sie sich von günstigen Bausparkassen aus unseren Tests individuelle Angebote mit Sparplan und Tilgungsplänen erstellen. Achten Sie darauf, dass Ihr Vertrag zum angepeilten Wunschtermin zugeteilt wird.

Fahrplan fürs Bausparen

Die Grafik zeigt den **typischen Ablauf** eines Bausparvertrags für Sparer und Sparerinnen, die ihr Eigenheim in acht Jahren finanzieren wollen. Die vereinbarte Bausparsumme beträgt im Beispiel 80 000 Euro. Der Vertrag wurde im September 2022 abgeschlossen.

Sparphase

Das Guthaben

Das Guthaben wächst durch Sparraten und Zinsen. Davon gehen 800 € Abschlussgebühr und jährliche Gebühren von 12 € ab. 45 Prozent der Bausparsumme (36 000 €) müssen Kunden mindestens ansparen.

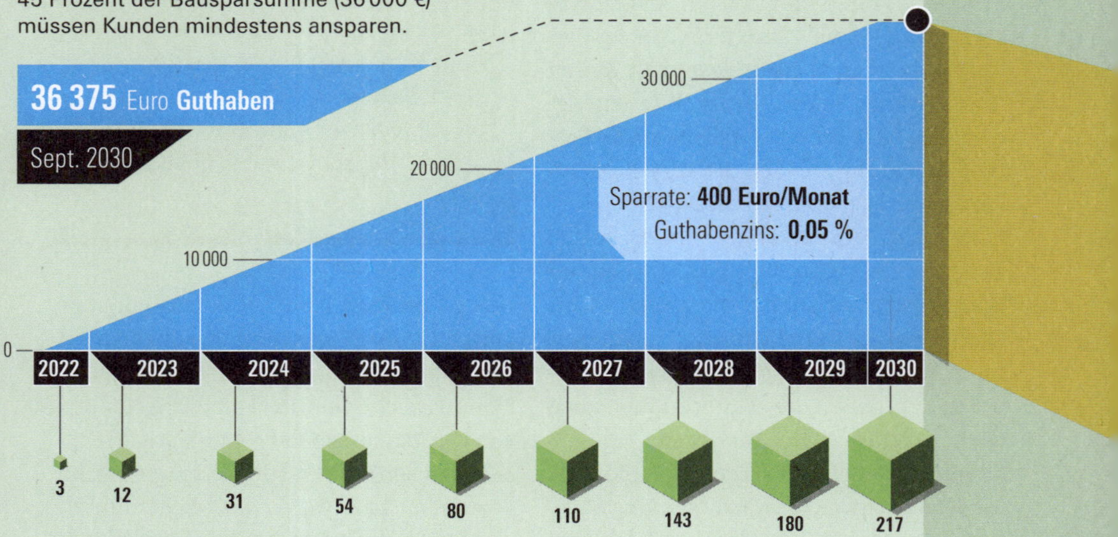

Die Bewertungszahl

Jeden Monat bewertet die Bausparkasse die Sparleistung mit einer Bewertungszahl. Sie ist umso höher, je länger der Bausparer bereits spart. Die Bausparkasse im Beispiel teilt nur Bausparverträge zu, die mindestens eine Bewertungszahl von 217 haben.

Darlehensphase

Die Zuteilung

Geschafft: Nach acht Jahren sind das Mindestguthaben und die nötige Bewertungszahl erreicht. Der Sparer kann die Bausparsumme von 80 000 € abrufen.

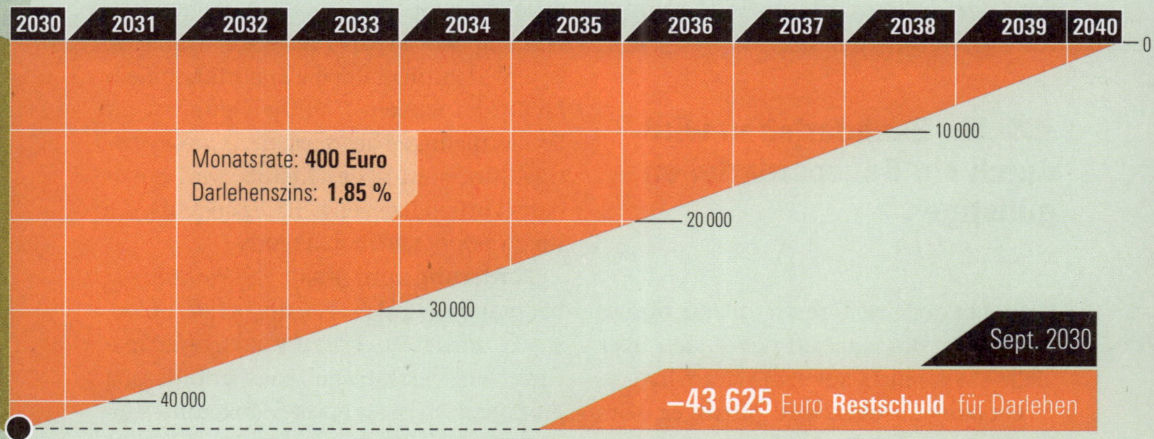

Das Darlehen

Das Bauspardarlehen ergibt sich aus der Bausparsumme abzüglich des Guthabens. Es wird in konstanten Raten aus Zins und Tilgung zurückgezahlt.

Quelle: Finanztest, Stand August 2022

zent der Bausparsumme und meist auch noch laufende Jahresgebühren in Rechnung stellen. Das führte dazu, dass am Ende der Ansparphase die Guthaben sogar unter den eingezahlten Beiträgen lagen. Als Sparinstrument sind Bausparverträge also immer noch ungeeignet, vor allem, weil seitdem die Sparzinsen sogar auf den sicheren Festgeld- und Tagesgeldkonten auch kräftig nachgezogen haben.

Anders sieht die Bilanz für diejenigen aus, die mittel- bis langfristig eine Immobilie finanzieren wollen und dafür auch das Bauspardarlehen abrufen. Unsere Berechnungen zeigten schon im Herbst 2022: Mit einem geeigneten Tarif standen die Chancen gut, dass geringere Kreditzinsen die Einbuße durch Minisparzinsen und Gebühren mehr als wettmachen würden.

Ein Bankdarlehen wird durch ein Bauspardarlehen günstiger.

Es gibt noch weitere Argumente für das Bausparen, die man auf den ersten Blick vielleicht gar nicht auf dem Schirm hat:

Ein Bankdarlehen wird günstiger. Beim künftigen Immobilienkauf ist mit dem Bausparguthaben ein kleinerer Kredit von der Bank nötig. Wenn Sie mithilfe des Bauspardarlehens den Bankkredit auf unter 80 Prozent oder gar 60 Prozent des Immobilienwerts drücken können, bekommen Sie fast immer bessere Zinskonditionen. Das allein kann schon Tausende Euro bei der Rückzahlung des Bankkredits ausmachen.

Günstige Kleindarlehen. Insbesondere bei Modernisierungen braucht man vielleicht nur ein kleineres Darlehen über weniger als 50 000 Euro. Banken verlangen für kleinere Kredite unterhalb von 50 000 Euro Darlehenssumme oft hohe Zinsaufschläge, oder sie vergeben das nur als normalen Bankkredit zu schlechteren Konditionen. Bei Bauspardarlehen gilt der vereinbarte Zinssatz auch für kleinere Darlehen bis 50 000 Euro.

Großzügige Sondertilgungen. Beim Bausparvertrag können Sie in der Rückzahlphase beliebig hohe Sondertilgungen leisten und das Bauspardarlehen frühzeitig komplett zurückzahlen. Beim Immobilienkredit der Banken sind die Optionen für Sondertilgungen begrenzt, und eine vorzeitige Rückzahlung des Kredits wird durch eine Vorfälligkeitsentschädigung für die Kreditnehmer noch mal teurer.

Förderung vom Staat. Die Wohnungsbauprämie wurde 2021 noch mal aufgestockt, um das Bausparen attraktiver zu machen. Von der staatlichen Bausparförderung profitieren viele, die bei den Einkommen innerhalb der festgelegten Grenzen bleiben. Bei Alleinstehenden ist das ein zu versteuerndes Einkommen (erkennbar im Steuerbescheid des Finanzamts) von 35 000 Euro jährlich, bei Verheirateten ein gemeinsames

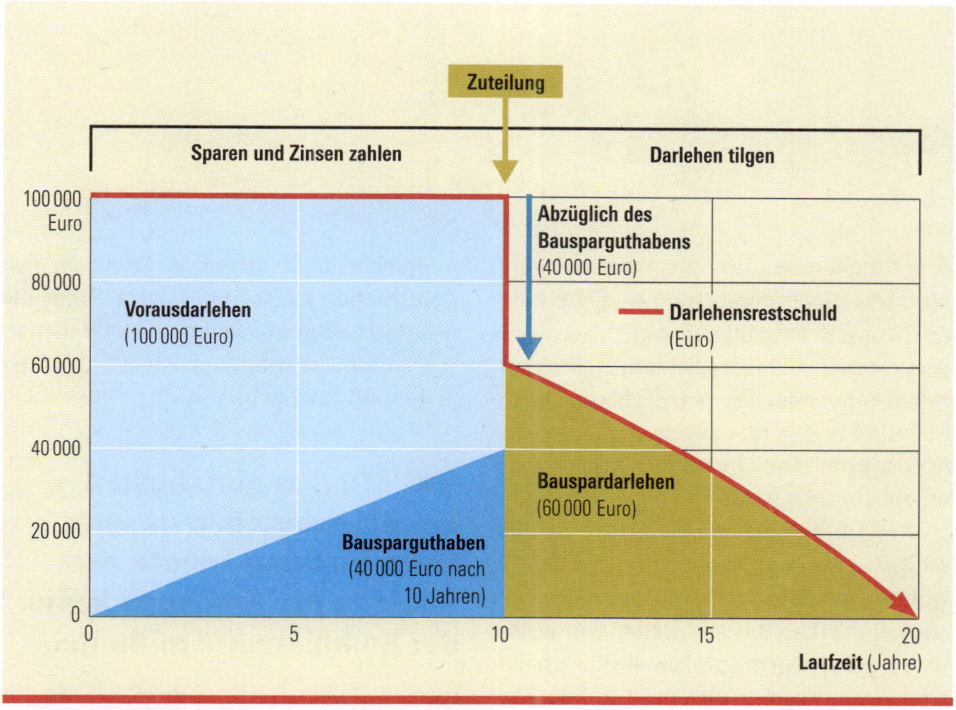

Bausparkombikredite sind komplex

Bausparkombikredite sind ein spezielles Angebot der Bausparkassen. Unsere Grafik zeigt, wie sich ein Kombikredit in Höhe von 100 000 Euro vor und nach der Zuteilung zusammensetzt.

zu versteuerndes Jahreseinkommen von 70 000 Euro. Den Antrag müssen Sie dann jährlich über die Bausparkasse stellen. Alleinstehende erhalten dann bis zu 70 Euro jährlich als staatliche Wohnungsbauprämie, für Ehepaare können es bis zu 140 Euro pro Jahr sein.

Der Haken: Es ist gar nicht so leicht, den individuell vorteilhaftesten Bausparvertrag zu bekommen. Die 17 Bausparkassen in Deutschland boten im September 2022 immerhin mehr als 200 Tarifvarianten an.

Was aber ist, wenn ich nicht erst jahrelang sparen will, bevor ich eine eigene Immobilie finanzieren kann? Dann kann ein Bausparkombikredit in Betracht kommen.

Eine Alternative: Bausparen ohne Wartezeit

Im Juli 2023 haben wir Angebote der Bausparkassen unter die Lupe genommen, mit denen die Kunden sich sofort einen langfristigen Immobilienkredit sichern können. Das sind die sogenannten Bausparkombikredite und Bausparsofortfinanzierungen. Die beiden Bezeichnungen fassen es im Grunde gut zusammen: Es handelt sich um Pakete aus einem klassischen Bausparvertrag und Vorausdarlehen.

Diese Kredite sind wesentlich komplexer zusammengesetzt als klassische Annuitätendarlehen der Banken und können für Bauwillige mit einigen Risiken verbunden sein. Auch was das Zinsniveau angeht, konnten die untersuchten Angebote im Spätsommer 2023 nicht mit günstigen Volltilgerdarlehen der Kreditinstitute konkurrieren. Interessant können die Bausparkombikredite nur werden, wenn die Zinsen für normale Immobilienkredite in nächster Zeit erheblich steigen sollten.

Wie funktioniert das dann? Im Grunde schließen Kundinnen und Kunden einen gewöhnlichen Bausparvertrag ab, wie er hier auf Seite 143 bereits beschrieben wurde. Der Unterschied liegt darin, dass die Kundschaft zum Vertragsbeginn gleichzeitig einen Kredit aufnimmt, mit dem sie ihre Immobilie (anteilig) finanziert.

Während der Laufzeit des Vertrags zahlt sie anfangs nur die Zinsen für das erhaltene Darlehen und bespart gleichzeitig ihren Bausparvertrag (Ansparphase) mit einer konstanten Monatsrate.

Ist das nötige Mindestguthaben auf dem Bausparkonto nach einigen Jahren erreicht, wird das Bauspardarlehen zusammen mit dem angesparten Guthaben zugeteilt. Das Guthaben tilgt in diesem Moment einen Teil der zu Vertragsbeginn gewährten Kreditsumme.

In der zweiten Phase (siehe Grafik „Bausparkombikredite sind komplexer“ auf Seite 147) wird das restliche Bauspardarlehen dann zu den anfangs festgelegten Konditionen in monatlichen Raten getilgt. Diese können etwas niedriger oder auch höher ausfallen als zuvor. So das Prinzip.

Entscheidend für einen Vergleich von Konditionen ist der Effektivzins über die Gesamtlaufzeit der Verträge. Die Bausparkassen sind verpflichtet, diesen in ihren Angeboten anzugeben.

Mit den günstigsten Volltilgerdarlehen unserer Untersuchung konnte zum Stichtag der Erhebung keiner der Kombikredite mithalten.

In unserem Test vom Juli 2023 haben wir Bausparkombikredite von 10 der insgesamt 17 deutschen Bausparkassen mit Laufzeiten zwischen 18 und 32 Jahren mit dem Kauf einer Immobilie für 400 000 Euro und einem Kreditbedarf von 320 000 Euro durchgerechnet. Insgesamt gab es darunter nur zwei attraktive Angebote, die bei Berücksichtigung der Laufzeit im Vergleich zu einem gleich lang laufenden Volltilgerdarlehen der Banken günstig waren.

Entscheidend ist aber: Mit den günstigsten Volltilgerdarlehen unserer Untersuchung konnte zum Stichtag der Erhebung keiner der Kombikredite mithalten – unabhängig von der Laufzeit. Oder in Kurzform: Die Volltilgerdarlehen waren unter diesen Bedingungen die bessere Wahl.

Einen Vorteil bieten die Bausparkombikredite aber gegenüber den Volltilgerdarlehen. Insbesondere ab dem Zuteilungstermin ist man bei Ratenerhöhungen und Sonderzahlungen in beliebiger Höhe bis zur kompletten Rückzahlung der restlichen Kreditsumme deutlich flexibler, und das ohne Aufpreis für diese Sonderleistungen.

Was Sie über Finanzierungsberater wissen sollten

Bleibt noch die Frage, was für das Gespräch mit der Bank wichtig ist und welche Unterlagen Sie dafür benötigen.

In jedem Fall sollten Sie den Beratern nicht blind vertrauen. In unserem letzten Praxistest zur Qualität der Baufinanzierungsberatung (Finanztest 2/2023) hat sich gezeigt, dass Banken und Kreditvermittler oft Darlehen anbieten, die am Bedarf der Kundinnen und Kunden vorbeigehen. Viele Angebote waren auch schlicht zu teuer.

Bei ihren Finanzierungsvorschlägen lagen die Anbieter häufig daneben. Mal hätte der Kredit nicht gereicht, um den Hauskauf zu finanzieren, mal hätte sich die Kundschaft die Kreditraten nicht leisten können, ein andermal war das Darlehen zu teuer.

Nur vier von 19 Banken und Kreditvermittlern im Test erreichten das Qualitätsurteil Gut. Das waren die Sparda Baden-Württemberg, die Hypovereinsbank sowie die Kreditvermittler Interhyp und Dr. Klein. Hier bekam unsere Testkundin meist ein für sie geeignetes Finanzierungskonzept mit niedrigen Zinsen und übersichtlichen Kundeninformationen.

Die Banken halten sich auch nicht immer an die Vorgaben, die Sie ihnen für die Eckpunkte des Angebots machen. Vor einer Entscheidung für oder gegen ein Kreditinstitut sollten Sie daher prüfen, ob die Angebote wirklich alle Eckpunkte enthalten, die Sie festgelegt haben. Stimmt die Zinsbindung? Ist die monatliche Belastung in etwa so hoch wie vorgesehen? Sind Absprachen zu Sondertilgungen oder Ratenwechsel berücksichtigt worden?

Sind alle Fragen geklärt, kann endlich die Entscheidung für ein Kreditinstitut fallen. Spätestens zu diesem Zeitpunkt müssen Sie dann auch alle von der Bank geforderten Unterlagen einreichen. Erst nach der Kreditprüfung, die dann folgt, ist das Angebot verbindlich. Sie sollten deshalb einen Kaufvertrag erst unterschreiben, wenn Sie ein Kreditangebot in der Tasche haben.

→ Gut vorbereitet fürs Kreditgespräch

Damit Sie in den Finanzierungsgesprächen oder -anfragen das Beste für sich rausholen können, haben wir eine ausführliche Checkliste für Sie erstellt. Sie finden die Liste „Unterlagen für Ihre Kreditgespräche" im Serviceteil auf den Seiten 156/157.

Hilfe

Fachbegriffe erklärt

Annuitätendarlehen: Ein Darlehen, bei dem eine gleichbleibende Monatsrate zu zahlen ist.

Anschlussfinanzierung: Nachdem eine Zinsbindungsfrist ausläuft, sind oft noch Schulden übrig. Dafür ist eine Anschlussfinanzierung nötig.

Ansparphase: Die Jahre, in denen man in einen Bausparvertrag einzahlt. Endet mit Zuteilung.

Arbeitgeberdarlehen: Manche Firmen vergeben Kredite an ihre Mitarbeiter, die zum Teil wie Eigenkapital wirken können.

Bauzins: Die Zinsen für einen Kredit bei der Immobilienfinanzierung.

Beurkundung: Bei einem Immobilienkauf stellt der Notar eine Urkunde über den Kaufvertrag aus. Nur beurkundete Kaufverträge sind gültig.

Bewertungsstichtag: Feste Termine, zu denen die Bausparkasse für ihre Kunden prüft, ob ihre Verträge zuteilungsreif sind.

Bonität: Die Kreditwürdigkeit eines Kunden oder einer Kundin.

Darlehen: Anderes Wort für Kredit.

Depot: Die Aktien, Anleihen und anderen Wertpapiere eines Anlegers sind beim Dienstleister im Depot zusammengefasst.

Effektiver Jahreszins = Effektivzins

Effektivzins: Zinssatz, der die tatsächlichen Kosten eines Kredits am besten widerspiegelt. Wichtigste Kenngröße für den Vergleich von Kreditkonditionen.

Erschließungskosten: Beim Hausbau die Kosten für die Straße, die Strom- und Wasserleitungen oder den Abwasserkanal. Die Gemeinde stellt oft einen Teil den Bauherrinnen in Rechnung.

ETF: Abkürzung für Exchange Traded Fund, also börsengehandelter Indexfonds. Eine spezielle Art von Fonds, die es seit dem Jahr 2000 in Deutschland gibt. Seitdem wird sie immer beliebter. Ein ETF hat keinen Manager, der die Wertpapiere im Fonds aussucht und beobachtet. Er bildet die Entwicklung eines Index möglichst genau nach und kann wie Aktien an der Börse gehandelt werden. Das macht ihn transparenter und kostengünstiger als andere Fonds (aktive Fonds). Es muss kein Management bezahlt werden, und man muss sich nur den Index ansehen, um zu wissen, welche Papiere der Fonds hält.

Festgeldkonto: Konto zur Geldanlage mit fester Laufzeit. In dieser Zeit kommen Kontobesitzer also kaum an ihr Geld heran. Dafür gibt es feste Zinsen, die in der Regel höher sind als beim Tagesgeld.

Festzinsdarlehen: Kredit mit Zinsbindung.

Finanzierungsplan: Aufstellung der Geldquellen und des Ablaufs der Kreditzurückzahlung bei der Immobilienfinanzierung. Seine Form ist nicht offiziell festgelegt.

Fonds: Instrument zur Geldanlage. Sammelt von verschiedenen Anlegern Kapital ein, um es zu investieren. Fondsmanager verwalten das Geld und investieren es zum Beispiel in Aktien, Anleihen oder Immobilien.

Forwarddarlehen: Kreditnehmer können sich schon einige Jahre vor Ablauf der Zinsbindung die Konditionen für die Anschlussfinanzierung sichern. Das Forwarddarlehen springt an, wenn die Zinsbindung des Kredits endet. Kann der Sicherung niedriger Zinsen dienen.

Grundbuch: Register beim Amtsgericht, in dem für jedes Grundstück und jede Wohnung verzeichnet ist, wem sie gehört. Dort ist eingetragen, ob eine Bank ein

Pfandrecht auf die Immobilie hat, weil sie beliehen ist.

Grunderwerbssteuer: Eine Steuer, die einmalig beim Kauf von Häusern, Wohnungen und Grundstücken anfällt.

Grundschuld: Pfandrecht der Bank an der Immobilie. Die Bank kann die Zwangsversteigerung einleiten und die Immobilie verwerten, wenn Darlehensnehmer ihre Raten nicht bezahlen. Steht im Grundbuch.

Grundsteuer: Eine jährliche Steuer, die der Staat für alle Immobilien in Deutschland kassiert. Nicht zu verwechseln mit der einmaligen Grunderwerbssteuer.

Hypothek: Neben der Grundschuld die zweite Variante, um der Bank für den Fall des Zahlungsausfalls Zugriff auf die Immobilie zu geben. Anders als die Grundschuld ist sie fest an den Kredit gebunden und deckt nur den Teil des Kredits ab, der noch nicht zurückgezahlt ist.

Immobilienbewertung: Eine Abschätzung des möglichen Verkaufswerts der Immobilie. Makler oder Bank machen das meist unkompliziert und kostenlos. Simpler als ein Wertgutachten.

Investmentfonds = Fonds

Isin: Jedes Wertpapier hat eine solche einzigartige Wertpapierkennnummer.

MSCI World: Bekannter, breit gestreuter Index, der die Wertentwicklung von rund 1500 Unternehmen aus Industrienationen weltweit abbildet. Den Index berechnet das Finanzunternehmen MSCI.

Restschuldversicherung: Versicherung, die im Todesfall eines Kreditnehmers die Familie davor schützt, aus der eigenen Immobilie ausziehen zu müssen, weil sie die Rate nicht zahlen kann.

Sollzins: Der Sollzins ist der reine Zins, den die Bank fürs Verleihen des Geldes berechnet. Aussagekräftiger ist der Effektivzins, weil dieser weitere Kosten und Gebühren beinhaltet.

Sondertilgung: Damit lässt sich ein Kredit schneller zurückzahlen. Neben der monatlichen Tilgung können die Kreditnehmer zusätzlich außerplanmäßig Geld zurückzahlen. Mögliche Kosten dafür stehen im Kreditvertrag.

Tagesgeldkonto: Das Geld auf einem Tagesgeldkonto ist jederzeit verfügbar, weil das Konto keine Laufzeit hat. Die Bank verzinst das Guthaben. Für die Geldanlage gedacht, daher ist eine Überweisung meist nur auf ein vorher angegebenes Referenzkonto möglich.

Tilgung: Die Rückzahlung des geliehenen Geldes. Die monatliche Rate setzt sich aus Zins und Tilgung zusammen. Den Zins behält die Bank, die Tilgung verringert den Schuldenberg.

Tilgungssatz: Der Anteil des Kredits, den die Darlehensnehmerin zurückzahlt, ausgedrückt in Prozent der Anfangskreditsumme pro Jahr. Teil der Rate.

Vollfinanzierung: Finanzierung des Kaufpreises voll auf Kredit (100-Prozent-Finanzierung). Werden auch die Nebenkosten mitfinanziert, spricht man von einer „Überfinanzierung“ = 110-%-Finanzierung.

Vorfälligkeitsentschädigung: Wer einen Kredit vor Ende seiner Laufzeit ablösen will, muss meist eine Vorfälligkeitsentschädigung zahlen. Dabei wird das Kreditinstitut für das entgangene Zinsgeschäft entschädigt.

Wertermittlungsgebühren: Die Gebühr des Gutachters, um den Wert der Immobilie zu ermitteln.

Zinsbindung: Zeitraum, in dem der Sollzinssatz festgeschrieben ist.

Zinseszinseffekt: Die gezahlten Zinsen werden immer wieder gemeinsam mit dem Startkapital angelegt und verzinst. Mit der Zeit wächst so das Vermögen.

Zinssatz = Darlehenszins. Der Begriff Zinssatz ist die korrekte Bezeichnung für den Prozentsatz, den die Bank aufschlägt. Der „Zins“ ist eigentlich der Betrag. Im Alltag wird „Zins“ auch für „Zinssatz“ gebraucht.

Zuteilung: Der Moment im Leben von Bausparern, in dem sie genug eingezahlt haben, um die Bausparsumme abrufen zu können. Danach zahlen sie das Bauspardarlehen ab. Siehe „Zuteilungsreife“.

Zuteilungsreife: Ein Bausparvertrag muss mehrere Kriterien erfüllen, um zugeteilt werden zu können. Vor allem müssen die Bewertungszahl und das Mindestguthaben erreicht sein. Sind diese Kriterien erfüllt, kann er in der kommenden Zuteilungsperiode, meist zwei bis vier Monate nach dem letzten Bewertungsstichtag, zugeteilt werden.

Zwischenfinanzierung: Eine Zwischenfinanzierung wird oft nötig, wenn Geld zu zahlen ist, das noch nicht hereingekommen ist. Wenn beim Hauskauf etwa erst das alte Haus verkauft werden muss und das Geld dafür noch nicht überwiesen ist. Meist ein endfälliger Kredit.

Checkliste

Kaufkosten sowie Bauneben- und Folgekosten

Beim Bestandshaus oder der Eigentumswohnung

- ☐ Kosten durch Suche und Besichtigungen
- ☐ Maklerkosten (unterschiedlich in den Bundesländern, verhandelbar)
- ☐ Kfz-Stellplatz auf dem Grundstück oder Garage im Kaufpreis enthalten? Kommt gegebenenfalls sonst hinzu.
- ☐ Entrümpelung und Entsorgung von Baumaterialien bei Sanierung
- ☐ Im neuen Gebäude (erfüllt energetische Vorschriften) Kosten für Renovierung der Räumlichkeiten (Tapeten, Malerausstattung und Wandfarben, Bodenbeläge etc.)
- ☐ Im älteren Gebäude Kosten für Hausgutachten und Energieberater oder -beraterin
- ☐ Kostenschätzung für energetische Sanierung des Energieberaters oder Übernahme aus einem individuellen Sanierungsfahrplan gemäß Gebäudeenergiegesetz (GEG)
- ☐ Notarkosten
- ☐ Grundbuchgebühren
- ☐ Grunderwerbssteuer (unterschiedlich in den Bundesländern)
- ☐ Ablöse für übernommenes Inventar (Küche, Möbel, Gartengeräte etc.) nicht vergessen
- ☐ Zeitweise Doppelbelastung aus Miete und Darlehensraten
- ☐ Umzugskosten
- ☐ Neue Einrichtung, Einbauküche inklusive technische Geräte, Heimtextilien, Beleuchtung
- ☐ Sicherheitspuffer (zum Beispiel 15 Prozent der Gesamtnebenkosten)
- ☐ Versicherungen für das Gebäude (Wohngebäudeversicherung, Elementarschadenversicherung etc.)

Checkliste

Kaufkosten sowie Bauneben- und Folgekosten

Bei einem Neubau

- ☐ Kosten durch Suche und Besichtigungen (Bauplatz, Musterhausausstellungen etc.)
- ☐ Maklerkosten (unterschiedlich in den Bundesländern, verhandelbar)
- ☐ Erschließungskosten für das Grundstück
- ☐ Herrichtungskosten für das Grundstück (zum Beispiel Abrisskosten, Altlastenentsorgung, Rodungsarbeiten, Fällen von Bäumen)
- ☐ Honorare von Architekten und Bauingenieuren, Bauversicherungen
- ☐ Gebühren für Behörden (zum Beispiel für die Baugenehmigung)
- ☐ Kosten für Außenanlagen (Zuwegung, Terrassen, Pkw-Stellplatz, Garage, Carport, Zaun ums Grundstück etc.) und Anlage des Gartens im Kaufpreis enthalten? Andernfalls pauschal mit etwa 5 Prozent des Gebäudewerts dazurechnen.
- ☐ Notarkosten
- ☐ Grundbuchgebühren
- ☐ Grunderwerbssteuer (unterschiedlich in den Bundesländern)
- ☐ Externe Bauüberwachung
- ☐ Finanzierungsnebenkosten (Bereitstellungszinsen der Kreditgeber während der Bauzeit, Teilauszahlungszuschläge etc.)
- ☐ Zeitweise Doppelbelastung aus Miete und Darlehensraten
- ☐ Umzugskosten
- ☐ Neue Einrichtung, Einbauküche inklusive technische Geräte, Heimtextilien, Beleuchtung
- ☐ Sicherheitspuffer (zum Beispiel 15 Prozent der Gesamtnebenkosten)
- ☐ Versicherungen für das Gebäude (Baufertigstellungsversicherung, Wohngebäudeversicherung, Elementarschadenversicherung etc.), Bauherrenhaftpflichtversicherung, Bauleistungsversicherung

Unterlagen für Ihre Kreditgespräche

Gut vorbereitete Kunden machen einen seriöseren Eindruck und haben bessere Chancen auf attraktive Kreditkonditionen. Es lohnt daher, Zeit dafür aufzuwenden. Welche Unterlagen Sie benötigen und woher Sie sie bekommen, finden Sie in der Checkliste.

	Unterlagen zu persönlichen Verhältnissen	Woher bekommen Sie diese?
☐	Lohn-/Gehaltsabrechnungen der letzten drei Monate (Angestellte)	Arbeitgeber/eigene Unterlagen
☐	Einkommenssteuerbescheide (alle Seiten) der letzten zwei Jahre	Finanzamt/eigene Unterlagen
☐	Bilanz oder Einnahmen-Überschuss-Rechnung der letzten zwei Jahre (Selbstständige)	Eigene Unterlagen, vom Steuerberater
☐	Aktuelle Umsatzzahlen oder aktuelle betriebswirtschaftliche Auswertung (Selbstständige)	Eigene Unterlagen, vom Steuerberater
☐	Nachweise bestehender Verbindlichkeiten	Eigene Unterlagen, Kontoauszug
☐	Nachweise des bei der Finanzierung eingesetzten Eigenkapitals	Eigene Unterlagen, Kontoauszug
☐	Nachweis eventuell vorhandener Mieteinkünfte	Mietvertrag, eigene Unterlagen, Kontoauszug
☐	Nachweis privater und/oder gesetzlicher Renteneinkünfte/Pensionen (bestehende und zukünftige)	Rentenbescheid(e), eigene Unterlagen
☐	Darlehensvertrag Finanzierungsobjekt (bei Umschuldung/Modernisierung)	Kreditgeber, eigene Unterlagen
☐	Darlehenskontoauszug Finanzierungsobjekt (bei Umschuldung/Modernisierung)	Kreditgeber, eigene Unterlagen

	Unterlagen zur Immobilie	Woher bekommen Sie diese?
☐	Grundrisse	Bauunternehmer, Architekt, Bauträger, Ingenieurbüro, Vorbesitzer, Baubehörde
☐	Wohnflächenberechnung, gegebenenfalls zusätzlich Berechnung des umbauten Raumes	Bauunternehmer, Architekt, Bauträger, Ingenieurbüro
☐	Bauzeichnungen wie Ansichten, Schnitte	Bauunternehmer, Architekt, Bauträger, Ingenieurbüro
☐	Baubeschreibung	Bauunternehmer, Architekt, Bauträger, Ingenieurbüro
☐	Werkvertrag für Bauvorhaben inklusive Zahlungsplan und Kostenaufstellung (Bauvorhaben)	Bauunternehmer, Architekt, Bauträger, Ingenieurbüro
☐	Flurkarte oder Lageplan	Makler, Verkäufer, Katasteramt
☐	Aktueller Grundbuchauszug	Makler, Verkäufer, Grundbuchamt
☐	Kaufvertragsentwurf (Kaufvorhaben) bzw. Kaufvertragsentwurf Grundstück (Bauvorhaben)	Notar, Makler oder Verkäufer
☐	Ggf. Erbbaurechtsvertrag bei Erbbaurechten	Makler oder Verkäufer
☐	Teilungserklärung (bei Wohnungen)	Voreigentümer, Hausverwaltung
☐	Farbfotos (außer bei Neubauvorhaben)	Eigene Unterlagen, Baugutachter
☐	Aufstellung Modernisierungskosten (geplante und vergangene, bei Kauf, Umschuldung)	Eigene Unterlagen, Verkäufer, Architekt, Ingenieurbüro

Stichwortverzeichnis